Selbstbewusstsein stärken für Kinder und Teenager!

Wie dein Kind Selbstzweifel überwinden und sein Selbstwertgefühl stärken kann. Masterplan um Selbstvertrauen und Selbstwert des Kindes zu stärken

Ilya Ru

ILYA RU

www.ilyaru.com

1. Auflage 2020

Projekt www.ilyaru.com

Herausgegeben von Ilya Ru

Haftungsausschluss

Dieses Buch, bzw. E-Book, enthält Meinungen und Ideen des Autors und verfolgt die Absicht, Menschen hilfreiches und informatives Wissen zu vermitteln. Die enthaltenen Tipps und Strategien müssen nicht zwingend zu jedem Leser passen. Es gibt keine Garantie dafür, dass sie auch bei jedem funktionieren.

Die Benutzung dieses Buches (E-Books) und die Umsetzung der darin enthaltenen Informationen erfolgt ausdrücklich auf eigenes Risiko. Der Autor übernimmt für etwaige Unfälle und Schäden, die sich beim Besuch der in diesem Buch aufgeführten Orte ergeben (z. B. aufgrund fehlender Sicherheitshinweise), keine Haftung.

Die in diesem Ratgeber enthaltenen Informationen können die Beratung durch einen Arzt oder gleichwertigen Fachspezialisten nicht ersetzen – sie sind keine medizinischen Anweisungen. Die Informationen dienen nur der Vermittlung von Wissen und können eine individuelle Betreuung bei einem Sprechstundenbesuch nicht ersetzen. Die Umsetzung der hier gegebenen Empfehlungen sollte deshalb immer mit einem qualifizierten Fachspezialisten abgesprochen werden.Haftungsansprüche gegen den Autor für Schäden jedweder Art, die durch die Nutzung oder Nichtnutzung der Informationen oder durch die Nutzung fehlerhafter und/oder unvollständiger Informationen verursacht wurden, sind grundsätzlich ausgeschlossen. Rechts- und Schadenersatzansprüche sind ausgeschlossen.

Bildhinweis

Du wirst dich beim Lesen dieses Buches vielleicht fragen, warum keine oder wenige farbige Fotos oder Bilder im Buch vorhanden sind. Dies hat einen erheblichen Grund, welchen ich dir gerne näher erläutern will.

Das liegt daran, dass Fotos ein bestimmter Kostenfaktor sind, den du als Leser zu tragen hättest.

Da ich meinen Lesern dieses Buch aber so günstig wie möglich anbieten möchte, habe ich mich für die reine Textversion entschieden.

Es macht am Ende auch keinen großen Unterschied, ob du Bilder im Buch hast oder nicht. Denn wie viele Ratgeber heutzutage beweisen, handelt es sich bei den meisten Bildern um Beispielbilder, die von professionellen Fotografen, Grafikdesignern oder Stylisten gestaltet wurden.

All dies kostet auch Geld und der Buchpreis müsste dann in dem Fall viel höher angesetzt werden.

Aus diesem Grund habe ich mich dafür entschlossen, hier keine oder nur wenige Bilder zu verwenden.

Ich hoffe auf dein Verständnis und wünsche dir bereits jetzt viel Spaß beim Lesen und Umsetzen!

Über den Autor

Ilya Ru wurde 1985 in Pjatigorsk, Russland geboren. Sein echter Name lautet Ilya Ponomarenko.

Er gibt nie auf und vertritt die Meinung dass jeder Mensch es verdient hat, so zu leben, wie er möchte. Wir haben nur ein einziges Leben und es wäre eine Frechheit, die kostbare Lebenszeit für Dinge zu verschwenden, die man nicht mag oder hasst.

Im Jahr 2002 ist Ilya mit seiner Familie nach Deutschland ausgewandert. Er konnte kein Deutsch und hatte kein Geld. Heute ist Ilya stolzer Familienvater und verheiratet mit der Frau, mit der er bereits seit über 10 Jahren zusammen ist. Er arbeitet als kaufmännischer Angestellter bei einer großen Firma und ist erfolgreich selbstständig im Nebenerwerb. Außerdem hat Ilya es geschafft, innerhalb von nur 90 Tagen über 27 kg gesund abzunehmen und hält sein Gewicht bis heute, ganz ohne den bösen Jo-Jo-Effekt.

Auch seine Ehe hält trotz Höhen und Tiefen seit vielen Jahren. Als frischgebackener Vater lernt Ilya täglich

Neues über Kinder und das Vater- bzw. Elternsein dazu. Und natürlich ist das alles nicht immer einfach.

All das hat er mithilfe seiner Persönlichkeitsentwicklung, learning by doing und vielen durchgemachten Fehler geschafft. Das Leben ist hart, aber es gibt immer eine Lösung. Das kennt Ilya nur zu gut.

Genau aus diesem Grund hat sich Ilya das Ziel gesetzt, mindestens 10.000 Menschen dabei zu helfen, ein besseres, glückliches und erfülltes Leben zu führen. Und seine Bücher sind das beste Mittel, um dieses Ziel erreichen. Ilya glaubt fest daran, dass man, wenn man anderen hilft auch sich selbst etwas Gutes tut und sein eigenes Leben dadurch positiv verändern kann.

Egal ob es sich um Fitness und Gesundheit, Beziehung und Liebe oder Geld und Karriere handelt. In all diesen Bereichen hat Ilya schon viele Erfahrungen gemacht und sammelt ständig neue. Er lernt viel, informiert sich ständig, tauscht sich mit anderen Menschen aus und ist immer auf der Suche nach guten und praktischen Tipps, die das Leben und die Karriere einfacher, erfolgreicher und entspannter machen können.

Seine Erkenntnisse und gesammelten Tipps, Ideen und Strategien gibt er in seinen Sachbüchern unter dem Pseudonym Ilya Ru weiter. Dabei unterstützt ihn ein kleines Team von Themenexperten, Textern, Lektoren und Grafikdesignern um möglichst gute, qualitativ hochwertige und nützliche Ratgeber und Sachbücher zu veröffentlichen.

Und wenn man seine Tipps und Ideen aus den Sachbüchern umsetzt, dann wird man sein Leben positiv verändern können. Denn von nichts kommt auch nichts!

Weitere Infos über das Projekt Ilya Ru findest du unter www.ilyaru.com

INHALT

Diese Erkenntnisse erhältst du durch dieses Buch

Da du dir diesen Ratgeber besorgt hast, bist du mit Sicherheit Mutti oder Papi. Das freut mich sehr! Doch selbstverständlich hast du dir keinen Ratgeber angeschafft, weil alles in Butter ist, nicht wahr? Du hast ein Problem. Dein Kind hat zu wenig oder gar kein Selbstbewusstsein. Das tut mir leid, aber ich möchte dir Hoffnung machen! Denn dieses Buch enthält nicht nur allgemeine Informationen zum Thema Selbstbewusstsein, sondern auch eine Reihe praktischer Tipps und Tricks, wie du und andere Menschen in deinem Umfeld auf das Selbstbewusstsein deines Kindes bewusst einwirken können. Zuerst einmal aber erfährst du, welche Lebensbereiche und Menschen das Selbstbewusstsein deines Kindes formen. Im Anschluss erhältst nicht nur du, sondern auch Verwandte, Bekannte und Freunde praktische Tipps für die Umsetzung im Alltag.

Dieses Buch hilft dir dabei, dein Kind bei der Entwicklung und dem Aufbau seines Selbstbewusstseins zu unterstützen. Ausgerichtet sind die Inhalte auf Kinder im Alter von 3 bis 6 Jahren.

Der erste Teil des Buches beschäftigt sich mit interessantem Allgemeinwissen über Selbstbewusstsein und den Zusammenhängen sowie Unterschieden zwischen Selbstvertrauen, Selbstwert und Selbstbewusstsein. Auch auf die Begriffe Schüchternheit und Selbstzweifel wird eingegangen, um dann dem eigentlichen Problem auf die Spur zu kommen. Wofür braucht dein Kind Selbstbewusstsein? Welche Rolle spielt die Persönlichkeitsentwicklung deines Kindes? Welche Arten von Selbstbewusstsein unterscheidet man? Wer spielt eine Rolle bei der Entwicklung des Selbstbewusstseins deines Kindes? Welche Rolle spielen Über- und Unterforderung und was bedeutet es, wenn dein Kind seine Talente untergräbt? Alles das sind Fragen, welche dir dieses Buch beantwortet.

Jedem Kapitel ist ein Blog beigefügt, der alles Notwendige nochmals zusammenfasst. Im Anschluss findest du einige Fragen und deren Antworten, welche dir als Denkanstoß dienen. Der zweite Teil dieses Ratgebers führt dich aus dem Dschungel der Probleme. Er zeigt dir auf, wie du gesundes, schwaches und übersteigertes Selbstbewusstsein sowie Über- und Unterforderung erkennst. Im Anschluss erhältst du praktische Tipps, wie sich das Selbstbewusstsein deines Kindes aktiv stärken lässt.

Abgerundet wird das Ganze mit einem Schritt-für-Schritt-Masterplan für Eltern, der konkrete Beispiele zur Umsetzung enthält. Ebenfalls angesprochen, da an der Entwicklung des Selbstbewusstseins deines Kindes beteiligt, werden Omas und Opas, Geschwister, Erzieher, Lehrer, Freunde und Bekannte.

Genug geredet, beginne jetzt gleich zu lesen! Du wirst sicherlich mit mehr Wissen ausgestattet sein, wenn du am Ende dieses Buches angekommen bist.

So verhilfst du deinem Kind zu mehr Selbstbewusstsein

Finde den Unterschied zwischen Selbstwert, Selbstvertrauen und Selbstbewusstsein heraus

Selbstwert

ist gleichzusetzen mit dem Begriff Selbstwertgefühl und beinhaltet die Achtung und die Wertschätzung seiner selbst. Hier geht es hauptsächlich um dich, also wie du dich bewertest und mit wem oder was du dich vergleichst. Das Selbstwertgefühl selbst kannst du in drei Kategorien einteilen: Selbstliebe, Selbstvertrauen und Selbstbewusstsein.

Selbstliebe

Die Selbstliebe beschreibt, wie gut du dich annehmen kannst, und zwar in allen Lebensbereichen und mit allen Facetten deines Charakters. Viele Menschen getrauen sich den Begriff ‚Selbstliebe' kaum auszusprechen, da er oft negativ behaftet und mit Egoismus gleichgesetzt wird.

Zur Selbstliebe gehört, dass du gut zu dir selbst bist, deine eigenen Gedanken erforschst, Konsequenzen ziehen und dir selbst vergeben kannst. In diesem Zusammenhang steht außerdem die Fähigkeit, realistisch zu denken und die daraus resultierende Handlung auch realitätsnah auszuführen. Ebenso beinhaltet Selbstliebe, dass du es ablehnst, dich am Urteil anderer zu orientieren, Dinge tust, die dich begeistern, dir selbst Komplimente machst und für dich einstehst, wenn es notwendig wird.

mymonk.de

Selbstvertrauen

ist die Art und Weise, wie du dich selbst bewertest. Resilienz spielt hier eine große Rolle, denn Selbstvertrauen bezieht sich auf Taten, zum Beispiel Lösungsansätze eines Problems. Aufgaben oder Herausforderungen können Lösungen erfordern. Ebenso sind die Konfliktfähigkeit und damit eine Konfliktlösungsfähigkeit von Bedeutung, wobei du beachten solltest, dass ein Konflikt nicht ausschließlich mit einem anderen Menschen ausgetragen werden muss, sondern du ebenfalls einen Konflikt mit dir selbst haben kannst. Mit Selbstvertrauen lässt du dir nicht von anderen ‚reinreden', sondern machst dein Ding, denn du bist dir im Klaren darüber, was du kannst, da du dein Können hinterfragst und es dann zu nutzen weißt, um einen Lösungsweg aufzubauen.

Ich möchte dir also Mut machen, dich deiner Herausforderung, nämlich die, deinem Kind zu mehr Selbstbewusstsein zu verhelfen, zu stellen und die Ressourcen deines Selbstvertrauens hierfür zu nutzen.

Selbstbewusstsein

beschreibt die Fähigkeit, seine eigene Person, seinen Charakter sowie die eigenen Stärken und Schwächen zu erkennen und – ganz wichtig – diese auch anzuerkennen. Optimismus ist hier der Angst größter Feind.

Viel Reichtum, viel Erfolg, ein perfekter Körper, eine angesehene Stellung, 100 Prozent Leistung, viele Freunde – all das sind Dinge, welche die Gesellschaft mit dem Wort Selbstbewusstsein in Verbindung bringt.

Dabei macht keines dieser Dinge wahres Selbstbewusstsein aus! Selbstbewusstsein hat, wer klein ist und glücklich. Und das ist unglaublich schwer zu praktizieren, denn die Gesellschaft verlangt geradezu von dir, eine Maske aufzusetzen, eine Maske des Selbstbewusstseins. Nur wer stets ein Lächeln auf dem Gesicht hat, über glatte, faltenfreie Haut verfügt, alles locker nimmt und niemals verzweifelt, der gilt als Mensch mit einem gut ausgeprägten Selbstbewusstsein. Aber Achtung: Das gaukelt dir die Gesellschaft vor! Dabei bedeutet Selbstbewusstsein, dass du dir eingestehen kannst, schwach und unvollkommen zu sein!

Warum ich dir das alles erzähle, wenn es doch nichts mit deinem Kind zu tun hat? Die Annahme, dass du das Selbstbewusstsein deines Kindes stärken kannst, ohne dich selbst unter die Lupe zu nehmen, ist weit gefehlt. Denn: Wenn du kein Selbstbewusstsein hast, wird dein Kind auch keines haben. Selbstbewusstsein ist kein Erbgut, das deinem Kind in die Wiege gelegt wurde und das du nur aktivieren musst.

Das Selbstbewusstsein deines Kindes besteht aus Erlebnissen seiner Vergangenheit. In der sogenannten Prägungsphase, also zwischen dem ersten und fünften Lebensjahr, entwickelt sich das Selbstbewusstsein deines Kindes besonders stark. Und so prägt auch deine Vergangenheit das Selbstbewusstsein deines Kindes mit.

Die Art und Weise, wie du gegenüber Religionen eingestellt bist, deine Vorstellungen über Migranten, dein Erziehungsstil. Ein weiterer Umstand, den du erst einmal kaum beeinflussen kannst, ist der direkte Umgang der Mitschüler mit deinem Kind. Wird dein Kind von ihnen akzeptiert oder wird es ausgeschlossen? Kann es Freunde gewinnen, auch neue, Kontakte aufrechterhalten und verloren gegangene wiederherstellen? Oder bleibt es allein? Eine weitere Rolle spielt die religiöse Konditionierung, in der du dein Kind aufwachsen lässt.

Deine Eltern haben dir Verhaltensmuster mit auf den Weg gegeben, die du unbewusst übernommen hast und nun an dein Kind weitergibst, da du nichts anderes kennst. Du bist nun auch ein Elternteil – und auch dir wird genau dasselbe passieren, wie es deinen Eltern passiert ist. Dein Kind wird sich nach deinen Verhaltensmustern richten, weil es nichts anderes kennen kann. Selbst wenn du deinem Kind oft sagst, dass es wunderschön aussieht – das Selbstbewusstsein deines Kindes wird sich negativ entwickeln, wenn du ihm dich selbst als hässlich vermittelst. Dazu musst du nicht einmal etwas sagen. Eine mangelnde Körperpflege oder zu wenig Modebewusstsein zeigen deinem Kind bereits, dass du dich nicht für lobenswert empfindest. Es beginnt also bei dir.

Selbstbewusstsein kann nicht durch äußere Umstände oder materiellen Wert manipuliert werden. Ausschließlich eine intensive Reflexion deines eigenen Verhaltens kann deinem Kind dabei helfen, mehr Selbstbewusstsein zu erlangen.

„Du selbst zu sein,
in einer Welt die dich ständig anders haben will,
ist die größte Errungenschaft."
Ralph Waldo Emerson

Auch Schüchternheit spielt eine Rolle. Lese hier, welche!

Du hast jetzt bereits einiges über Selbstbewusstsein gelesen. Aufgrund deines angeeigneten Wissens wird es dich nicht verwundern, dass ein schüchterner Mensch selbstbewusst sein kann. Denn Schüchternheit bezieht sich ausschließlich auf das Andocken an zwischenmenschliche Beziehungen. Das bedeutet: Schüchternheit ist eine Verunsicherung und manchmal auch Furcht gegenüber fremden Menschen, nicht aber allgemein gegenüber Menschen! Schüchternheit ist also keine Krankheit, sondern ein Charakterzug eines Menschen. Leider kann sie unter bestimmten Bedingungen tatsächlich zu einer psychischen Störung ausarten. Dies würde aber bedeuten, dass die Angst vor Menschen so groß wird, dass du dich nicht mehr vor die Tür traust. Nur wenn dich etwas an der Teilnahme am natürlichen Sozialleben hindert, ist es eine Krankheit!

Auch dein Kind durchlebt in seinem Leben mindestens eine Phase der Schüchternheit. Dir ist der Begriff ‚Fremdeln' sicher bekannt. Diese Phase spielt sich ungefähr zwischen dem 4. und 8. Lebensmonat ab.

Verachte nicht den Selbstzweifel

Selbstzweifel sind ein Umstand, in den dein Kind sehr

früh geraten kann, zum Beispiel durch häufiges Umziehen und damit einem fortwährenden Wechsel des Freundeskreises deines Kindes. Aber auch andere an der Erziehung Beteiligte können Selbstzweifel bei deinem Kind hervorrufen, beispielsweise Lehrer, welche das Schulfach nicht anschaulich und verständlich genug vermitteln. Auch Geschwister spielen eine Rolle, vor allem dann, wenn sie vieles scheinbar besser können als dein Kind, vielleicht, weil sie bereits größer sind. Aber auch Eltern, die an sich selbst zweifeln, geben dieses Gefühl unbewusst an ihre Kinder weiter.

Der Begriff „Selbstzweifel" ist also zu beschreiben mit dem Zweifel an der eigenen Person, begleitet von Unsicherheit und oft auch Unzufriedenheit mit sich selbst. Auf dich bezogen bedeutet dies: Du weißt dann nicht, was dir guttut, zu welchen Herausforderungen du fähig bist oder wie du handeln sollst, wenn ein Problem aufkommt.

Noch mehr Informationen erfährst du in den Bonusinhalten zum Buch, welche dir als gratis Download unter folgendem Link zur Verfügung stehen. https://www.ilyaru.com/bonusselbstbewustsein-power

Die Zusammenhänge und Unterschiede zwischen den zuvor genannten Begriffen zu kennen, ist lebensnotwendig

Der Selbstwert hängt stark mit den Begriffen Selbstliebe,

Selbstvertrauen und Selbstbewusstsein zusammen. Noch treffender formuliert: Der eigene Selbstwert beinhaltet all diese genannten Eigenschaften. Der Selbstwert oder auch das Selbstwertgefühl sagt aus, wie viel Achtung und Wertschätzung du dir selbst gegenüber entgegenbringst. Es dreht sich also hauptsächlich um dich selbst. Ebenso verhält es sich mit der Selbstliebe, dem Selbstvertrauen und dem Selbstbewusstsein. Der Selbstwert und die Selbstliebe beinhalten, wie gut du deinen Charakter annehmen kannst. Es geht also darum, wie liebevoll du mit dir selbst umgehst und welche Bereiche deiner Persönlichkeit für dich annehmbar sind. Die Selbstliebe wird von der Gesellschaft nur schwer akzeptiert, da sie von ihr mit Egoismus gleichgesetzt wird. Egoismus würde aber bedeuten, dass du ausschließlich an dich selbst denkst, nicht bereit für Kompromisse bist und darüber hinaus unfähig dazu, konstruktiv zu handeln. Freundschaften könnten unter diesen Bedingungen nur schwerlich existieren.

Das Selbstvertrauen hingegen hat etwas mit deiner Selbstbeobachtung zu tun, also damit, wie du dich bewertest. Mit Selbstvertrauen wirst du hierbei niemals Vergleiche anstellen, sondern dich lediglich darauf beschränken, was du in dir siehst. Du gehst unabhängig der Ansichten anderer deinen Weg, da du dir selbst am sichersten bist, was gut für dich ist.

Das Selbstbewusstsein hat viel mit der Selbstliebe gemeinsam. Beim Selbstbewusstsein geht es darum, dass du deine Stärken und Schwächen erkennst und anerkennst. Die Gesellschaft setzt Erfolg mit ausgeprägt gutem Selbstbewusstsein gleich. Du als selbstbewusster Mensch weißt aber, dass allein die Erkenntnis und Annahme deiner Stärken und Schwächen Selbstbewusstsein bedeutet.

Selbstliebe hingegen beinhaltet, dass du gut zu dir selbst bist, dich von der Meinung anderer nicht führen lässt und für dich einstehen kannst, wenn es notwendig wird. Du kannst dir selbst vergeben und alle Facetten deines Charakters annehmen. Schüchternheit wird oft mit mangelndem oder schwachem Selbstbewusstsein gleichgesetzt. Dabei kann ein schüchterner Mensch tatsächlich eine große Portion Selbstbewusstsein besitzen. Ihm mangelt es lediglich an der Fähigkeit, dieses nach außen zu tragen. Zudem bezieht sich Schüchternheit ausschließlich auf den Kontakt mit fremden Menschen. Angst vor einem Vorhaben, mangelnde Konfliktfähigkeit oder fehlende Selbstliebe spielen hier keine Rolle.

Selbstzweifel hat nur sehr wenig mit Schüchternheit gemeinsam. Er wird eher durch äußere Umstände hervorgerufen. Wer Selbstzweifel hat, vergleicht sich stark mit anderen, da er nicht weiß, was ihm guttut und was er möchte.

In diesem Kapitel hast du den Unterschied zwischen Selbstwert, Selbstliebe, Selbstvertrauen und Selbstbewusstsein kennengelernt. Selbstwert beinhaltet, dass du dich selbst achtest. Selbstliebe beschreibt, wie gut du dich annehmen kannst. Selbstvertrauen hingegen ist die Art deiner Selbstbewertung. Selbstbewusstsein bedeutet, dass du deine Person mit allen Stärken und Schwächen annehmen kannst. Ferner hast du gelernt, dass Schüchternheit kein Anzeichen von mangelndem Selbstwert sein muss und du wurdest darüber informiert, dass neben dir auch andere Personen wie Lehrer oder Geschwister am Selbstzweifel deines Kindes beteiligt sein können.

WERDE AKTIV – FRAGEN UND ANTWORTEN ZUM KAPITEL

Was genau ist Selbstwert?

Unter Selbstwert versteht man die Art und Weise, wie du dich selbst achtest und wertschätzt.

Was ist Selbstliebe?

Die Selbstliebe beschreibt, wie gut du fähig bist, dich selbst anzunehmen.

Was versteht man unter Selbstvertrauen?

Selbstvertrauen zeigt sich durch die Art und Weise, wie du dich selbst bewertest.

Was ist Selbstbewusstsein?

Selbstbewusstsein beschreibt, wie gut du deine eigene Person, deinen Charakter und deine Stärken und Schwächen annehmen kannst.

Wie kann man Selbstzweifel beschreiben?

Selbstzweifel sind, begleitet von Zweifeln an dir selbst, Unsicherheit und oft auch Unzufriedenheit.

Was genau ist Schüchternheit?

Schüchternheit ist eine Verunsicherung und manchmal auch Furcht insbesondere gegenüber fremden Menschen, aber keine allgemeine Angst vor Menschen.

Schau dir das Problem an

Für die Anerkennung ihres Kindes unternehmen viele Eltern fortwährende Anstrengungen, ihren Sprössling erfolgreich zu machen, denn Anerkennung gilt als Grundpfeiler für selbstbewusste Kinder. So denken viele Eltern. Leider überfordern sie mit einem solchen Denkansatz ihre Kinder allzu oft und bescheren ihnen einen vollen Tagesplan aus Frühförderung, Klavierunterricht, Ballettstunden oder Leistungssport. Manche Eltern streben es auch an, ihren Jungen typisch männlich und ihr Mädchen typisch weiblich zu erziehen, ihrem Kind den Schnuller oder die Babyflasche zu früh zu entziehen oder diverses Spielzeug zu verbieten, da das Kind ja bereits ‚groß' sei und nicht mehr damit spielen müsse oder solle. Wissenschaftler gehen davon aus, dass Selbstbewusstsein vererbt wird, doch diese Aussage ist nach vaterfreuden.de nicht korrekt. Möglicherweise gibt es ruhigere Kinder, die sich eher dem Trouble der Welt entziehen, aber das bedeutet deshalb nicht, dass diese Kinder kein Selbstbewusstsein besitzen. Vielen hilft der Rückzug, mehr Selbstbewusstsein aufzubauen, beispielsweise im Rollenspiel mit sich selbst, der Puppe oder den Autos.

Andersherum haben temperamentvolle Kinder nicht zwingend ein ausgeprägtes Selbstbewusstsein. Lärmende Kinder suchen oft Aufmerksamkeit, da sie sich minderwertig behandelt fühlen und sich nicht mit sich selbst beschäftigen können. Sie brauchen stetig Impulse von außen, möchten fortwährend beschäftigt werden.

Versuchst du nun, dein Kind entgegen seines

Charakters zu polen, entsteht ein Mangel an Selbstbewusstsein, denn das Kind lernt: Es darf nicht so sein, wie es ist. Es darf sich seiner selbst nicht bewusst sein, es muss anders sein, und zwar so, wie Mama und Papa es wollen.

Ein weiteres Problem ist die Uneinigkeit verschiedener Personen aus dem Umfeld deines Kindes über den Erziehungsstil. Das Kind wird verwirrt: „Bei Oma darf ich das, bei Mama nicht. Im Kindergarten darf ich es manchmal und manchmal nicht." So lernt das Kind, Regeln auf Personen in seinem Umfeld zu beziehen und nicht um deren Notwendigkeit. Dies lässt ebenfalls einen Mangel an Selbstbewusstsein entstehen. Zum besseren Verständnis für dich ein Beispiel:
Die Mutter bleibt mit dem Kind bei einer roten Fußgängerampel stehen. Der große Bruder des Kindes nimmt dieses aber an die Hand und geht bei Rot mit ihm über den Fußgängerüberweg. Das Kind lernt also: „Mit Mama darf ich nicht bei Rot über die Ampel gehen. Mein großer Bruder aber erlaubt es."

Das Kind lernt auf diese Weise nie, dass es gefährlich ist, bei Rot über die Ampel zu gehen. Es hat die Gefahr eines herannahenden Autos nicht verstanden. Versteht ein Kind den Sinn einer Regel oder eines Verbotes jedoch nicht, da es die Regeln auf Personen oder Orte bezieht, ist ein vermindertes Selbstbewusstsein die Folge. Das Kind handelt nicht aus Eigenregie, sondern weil es gehört hat, dass man das eben auf diese Weise macht. Aber auch Situationen aus der Kindheit, die vielleicht nicht nur schwierig waren, sondern die das Kind nie verarbeiten konnte, können im späteren Leben das Selbstbewusstsein deines Kindes beeinflussen. Dabei ist es wichtig zu wissen, dass eine ganz alltägliche Situation eventuell traumatische Folgen bei einem Kind hervorrufen kann. Beispielsweise erwacht das Kind, während die Mutter schnell zum Bäcker gegangen ist und beschäftigt sich selbst. Es steht im Bettchen auf und beugt seine Knie.

Dabei fällt es heraus und bleibt danach weinend auf dem Boden liegen. Das Kind hat gelernt: In einer Gefahrensituation bin ich hilflos ausgeliefert. Auch wenn sich das nun herangewachsene Schulkind nicht mehr an diesen Vorfall erinnern kann, ist dieser trotzdem im Gehirn abgespeichert und beeinflusst so möglicherweise zukünftiges selbstbewusstes Verhalten des Kindes. Gerade in Gefahrensituationen, also bereits in neuen Situationen wie beispielsweise der Einschulung, wird das Kind ängstlich reagieren und sich durch Anklammern an die Eltern, die damals nicht erfahrene Sicherheit unbewusst zurückholen.

Hierfür benötigen Kinder Selbstbewusstsein

Um im Leben und dessen Herausforderungen mithalten zu können, braucht dein Kind ein gesundes Selbstbewusstsein. Die Internetseite starkekids.com verdeutlicht, dass Kinder mit Selbstbewusstsein erfolgreicher sind, mehr Freunde haben, sich gesünder und damit widerstandsfähiger durch das Leben schlagen und Versuchungen nicht so leicht widerstehen wie andere Kinder.

Zudem leiden Kinder mit Selbstbewusstsein weniger an Ängsten und Zweifeln, sind kreativer, leben sicherer und haben später glücklichere Beziehungen als Kinder mit mangelndem Selbstbewusstsein. Kinder mit einem gesunden Selbstbewusstsein gehen ihren eigenen Weg.

Hierfür braucht dein Kind ein gesundes Selbstbewusstsein:

Für Erfolg im Leben

Dein Kind benötigt ein gesundes Selbstbewusstsein, um in der Schule und später im Arbeitsleben erfolgreich zu sein. Ein Kind mit Selbstbewusstsein kennt seine Stärken und weiß sie so zu nutzen, um seine Ziele zu erreichen. Schwächen bremsen es nicht aus, sondern helfen ihm dabei, Gefahren besser zu erkennen und zu umgehen. Denn wer weiß, was er nicht kann, meidet es. Das hingegen, was dein Kind kann, tut es auch und nicht nur das – es wird zudem ausgebaut. Selbstbewusstsein bedeutet also auch, sich seiner Schwächen bewusst zu sein.

Für mehr soziale Kontakte

Als ein selbstbewusster, mitreißender Typ ist dein Kind in der Lage, schneller Anschluss zu finden als ein Kind, das Gruppen eher meidet. Beachte aber, dass ein zurückhaltender Typ nicht zwingend über ein mangelndes Selbstbewusstsein verfügen muss. Manche Kinder brauchen es, sich Situationen erst lange genug von außen anzusehen, bevor sie beschließen, sich dazuzugesellen. Dahingegen leben aufgeschlossene Kinder eher flüchtige, oberflächliche Beziehungen. Von diesen besitzen sie sehr viele und sie fühlen sich auch wohl damit. Ein zurückhaltender Typ setzt auf wenige, dafür aber beständige Beziehungen mit viel Emotionsaustausch. Jeder Typ Mensch, jede Verhaltensweise deines Kindes hat seine Vorzüge und nichts mit mehr oder weniger Selbstbewusstsein zu tun. Allerdings nur, solange du das Gefühl hast, dass dein Kind auch mit seinem Charakter zufrieden ist und nicht mit ihm hadert. Aufgeschlossene Kinder reden oft viel, zurückhaltende sind dafür gute Zuhörer. So gleichen sich beide Typen aus.

Für ein starkes Immunsystem

Die Stärke des Immunsystems ist nicht nur abhängig von gesunder Ernährung und viel Bewegung, sondern auch vom Gemüt. In der Psychologie existiert der Begriff der ‚sich selbst erfüllenden Prophezeiung'. Hat dein Kind keine Angst vor einer Krankheit, erkrankt es auch nicht so leicht an einem schwereren Virus wie eines, das sich vor Krankheitserregern fürchtet. Das Kind mit der Angst ist dem Umstand ausgeliefert, das zu bekommen, wovor es Angst hat. Wie das möglich ist, möchte ich am folgenden Beispiel erläutern: Hat dein Kind Angst vor Bakterien und Keimen, wird es oft seine Hände waschen. Die häufige Reinigung der Hände macht die Haut spröde, was wiederum das Eindringen von Krankheitserregern in den Körper erleichtert. Dein Kind wird krank. Möglicherweise wird es dies aber auch, weil ein Organismus, der nie mit einem Virus in Berührung kam, keine Antikörper bilden kann.Ebenso verhält es sich mit Unfällen. Hat dein Kind beispielsweise Angst davor, von einem Auto erfasst zu werden, geht es möglicherweise zu vorsichtig und damit zu langsam über den Fußgängerüberweg und wird tatsächlich von einem um die Kurve kommenden Fahrzeug erfasst.

Auch auf psychische Erkrankungen ist dieses Wissen übertragbar. Steht dein Kind mit beiden Beinen im Leben und weiß, was es kann und was es will, erkrankt es viel seltener an Ängsten oder Gemütsverstimmungen.

Im Kampf gegen die Versuchung

Weiß dein Kind, was es braucht, ist es nicht ziellos der Suche nach einem Kick ausgesetzt. Folglich stellt die Versuchung keine Gefahr für das Kind dar. In diesem Zusammenhang nehmen vor allem im Jugendalter Süchte einen großen Raum ein. Im Jugendalter geht es oft um das Dazugehören, weswegen dein Kind immer genau das machen wird, was die anderen machen, um in die Clique aufgenommen zu werden.

Hat dein Kind Selbstbewusstsein, wird es sich, nur um Anerkennung und soziale Kontakte zu haben, kaum einer Gruppe anschließen, zu deren Einstellungen es nicht steht.

Natürlich gibt es Kinder, die ‚Führungstypen' sind. In diesem Fall wird dein Kind einfach seine eigene Gruppe gründen und für diese und deren Gruppenmitglieder einstehen, sollte es notwendig werden.

Gegen Ängste und Zweifel

Angst, Furcht und Zweifel sind eng miteinander verknüpft. Besitzt dein Kind Selbstbewusstsein, braucht es sich nicht vor Niederlagen zu fürchten, da es weiß, dass es über genügend Ressourcen verfügt, die es nutzen kann, um über einen möglichen Rückschlag hinwegzukommen. Es wird gerne Fehler machen, da ihm bewusst ist, dass es aus diesen lernen und daran wachsen kann. Es braucht vor einer Situation auch nicht zu hadern und auszuharren, denn ihm ist bewusst, dass es einen Weg finden wird, um das Problem oder den Konflikt zu lösen – und wenn es nur die Einsicht ist, dass es keine Lösung gibt. Denn ein Kind mit Selbstbewusstsein ist in der Lage zu akzeptieren, dass manches unlösbar ist. Mit Selbstbewusstsein wird dein Kind also viel mehr Dinge wagen, an die sich andere Kinder nicht herantrauen.

Für Kreativität auf allen Ebenen

Je öfter dein Kind etwas scheinbar Unlösbares angeht, desto mehr Erfahrungen kann es sammeln. So ist es in der Lage, Stück für Stück seine Fähigkeiten auszubauen. Sprechen wir von der Kreativität im handwerklichen Sinne, gibt es hier kaum Grenzen. Denn Kreativität bedeutet Ideenreichtum, und um den unter die Leute zu bringen, braucht dein Kind Mut und Selbstbewusstsein. Probleme lauern hinter jeder Ecke: Was der eine schön findet, das verabscheut der andere. Für einen selbstbewussten, kreativen Menschen bleibt das, was er geschaffen hat, aber immer schön, egal wie viele Menschen es negativ beurteilen.

Für ein sicheres Leben

Das Selbstbewusstsein deines Kindes spiegelt sich in seiner Körperhaltung wider. Jede unserer Gestiken, jede Mimik, unsere gesamte Haltung wird vom Gegenüber unbewusst wahrgenommen, verarbeitet und bewertet. Ein Kind mit einer gebückten Körperhaltung und den Blick auf dem Boden wird wohl eher nicht in eine Gruppe aufgenommen werden und im schlimmsten Fall sogar ein Mobbingopfer. Am Ende weiß niemand so recht, warum eigentlich, da dein Kind unbewusst ‚aussortiert' wurde.

Weist dein Kind hingegen eine selbstbewusste Körperhaltung auf, wird es schnell angenommen werden und Freunde finden.

Die Körperhaltung kann jedoch auch als Schutz vor Gewalt und Missbrauch sehr wichtig werden! Ein Kind mit aufgerichteter Körperhaltung und aufmerksamer Wahrnehmung seiner Umgebung wird erst gar nicht angegriffen werden, da es sich für das Gegenüber nicht ‚lohnt', da dieses erkennt, dass dein Kind nicht manipulierbar ist. Ebenso ist ein Kind mit Selbstbewusstsein nicht willig, einfach mit jemandem mitzugehen, um etwas vermeintlich Schönes wie ein Häschen anzusehen, da es in sich selbst den Wert sieht.

Für glückliche Beziehungen

Eines der zehn Gebote lautet: Liebe deinen Nächsten wie dich selbst.

Kann dein Kind sich selbst lieben, wird es ihm auch leichter fallen, andere Menschen lieben zu können. Diese

‚anderen' können lediglich das momentane Gegenüber sein, aber auch Familienmitglieder, Freunde, Bekannte oder Lehrer.

Natürlich geht es hier auch um Liebesbeziehungen im Erwachsenenalter, bei denen die innere Haltung deines Kindes unbewusst von den Menschen wahrgenommen wird, woraufhin es liebenswerter und ausgeglichener beim Gegenüber ankommen und so anziehend für andere Menschen ist.

Durch die Selbstannahme deines Kindes verläuft jedoch auch eine Beziehung selbst harmonischer. Zu einer Trennung gehören immer zwei. Ist nur einer von beiden selbstlos wütend, kann der andere durch seine Objektivität für sich selbst entsprechend interagieren. Geben sich jedoch beide selbstlos, eskaliert die Situation leicht.

Im Falle einer trotzdem eintretenden Trennung wird dein Kind diese hingegen besser überwinden können, da es bei sich selbst bleiben kann und sich seinen Anteil an der Trennung eingestehen kann.

Um sich seinen eigenen Weg zu ebnen

Der Lebensweg deines Kindes spielt eine wichtige Rolle bei der Erlangung von Selbstbewusstsein. Oft werden Kinder darin beeinflusst, welche beruflichen Ziele sie einmal anstreben sollten, ohne dass ihre Wünsche Beachtung finden. Auch dieser Makel vieler Eltern läuft auf einer unbewussten Ebene ab. Und dies sowohl von Seiten der Eltern als auch aus der Sicht der Kinder selbst. Diese sind der Meinung, sie tun, was sie möchten und bemerken nicht, dass die Entscheidungen anderer sie beeinflussen.

Hier kommt das Selbstbewusstsein ins Spiel. Ein Kind mit Selbstbewusstsein wird sich nicht beeinflussen lassen. Es weiß genau, was es will, denn es weiß, dass es dies auch erreichen kann. Solche Kinder werden mitunter als bockig bezeichnet. Aber nichts ist schlimmer für ein Kind, wenn stets andere besser wissen wollen, was gut für es sei. Wird ein Kind zu Dingen überredet, die gar nicht in sein Konzept passen, ist es zum Scheitern verurteilt, da es sich hier nicht selbst finden kann. Ist dein Kind selbstbewusst, wird es hingegen durchsetzen, was es möchte, da ihm bewusst ist, dass es nur dann ausgeglichen und freudig durchs Leben gehen kann. Dies ist auch auf mögliche Ziele, welche dein Kind erreichen möchte, übertragbar.

Noch mehr Informationen erfährst du in den Bonusinhalten zum Buch, welche dir als gratis Download unter folgendem Link zur Verfügung stehen. https://www.ilyaru.com/bonusselbstbewustsein-power

Mehr zu den wichtigen Unterschieden von gesundem, schwachem und übersteigertem Selbstbewusstsein

Gesundes Selbstbewusstsein

Laut Psychologen liegt der Schlüssel für gesundes Selbstbewusstsein in äußeren Einflüssen. Auf der Internetseite arbeits-abc.de sind die Experten anderer Meinung. Hier kann gesundes Selbstbewusstsein nicht allein durch äußere Einflüsse entstehen.

Umgekehrt bekommen Kinder durch die Erziehung oft eher ein mangelndes Selbstbewusstsein mit auf den Weg. Umso wichtiger ist es, den Unterschied zwischen gesundem, schwachem und übersteigertem Selbstbewusstsein zu kennen. „Wahres Selbstbewusstsein ist aber unsichtbar." (arbeits-abc.de) Warum ist das so? Hat dein Kind gesundes Selbstbewusstsein, ist es geduldig und bescheiden. Dies bedeutet jedoch nicht, dass es alles zulässt, weil es sich nicht traut, ‚Nein' zu sagen. Ganz im Gegenteil: Es hat einfach ein offenes Herz und Ohr für alles und jeden. Merkt ein Kind mit gesundem Selbstbewusstsein, dass diese Fähigkeit von anderen ausgenutzt wird, kann es seinen Standpunkt gut vertreten und seinem Gegenüber klar machen, was es verletzt.

Gerade weil Menschen mit gesundem Selbstbewusstsein oft unauffälliger agieren, werden sie leichter ausgenutzt oder hintergangen. Der Irrglaube unserer Gesellschaft, Menschen mit gesundem Selbstbewusstsein würden offen und direkt auf Menschen zugehen und unauffällige Menschen hätten ein vermindertes Selbstbewusstsein, ist weit gefehlt. Erst richtig interessant wird es, wenn diese beiden Typen aufeinandertreffen. Wohl ist es für der Gesellschaft Irrglaube nicht möglich, dass sich ein extrovertiertes Kind mit einem introvertierten zusammenschließt. Tatsächlich aber kann der eine vom anderen sogar profitieren.

Übersteigertes Selbstbewusstsein

Übersteigertes Selbstbewusstsein lässt sich nur sehr schwer erkennen, da Menschen, die es an den Tag legen, durch ihre selbstbewusste Ausstrahlung meist hoch anerkannt sind und nicht selten mit Erfolg eine führende Position in einem Unternehmen, Verein, einer Schule oder einer anderen Organisation wahrnehmen

Interessant ist, dass überhebliche Menschen mit scheinbar ausgeprägtem Selbstbewusstsein eigentlich Minderwertigkeitsgefühle verstecken wollen. Sie müssen sich fortwährend selbst beweisen, dass sie toll sind und dies von ihrer Außenwelt bestätigt bekommen. Weist dein Kind ein übersteigertes Selbstbewusstsein auf, übernimmt es oft das Wort in einem Gespräch.

Oder es schlägt keine Bitte ab, obwohl es eigentlich weder Lust noch Zeit hat. Kurzum ist die Folge dieses Verhaltens, dass der Dank für seine Hilfe vehement eingefordert wird. Kommt dieser dann nicht in gewünschter Art und mit der entsprechenden Intensität, zeigt sich das wahre Gesicht des Kindes. Es wird aggressiv, brüllt und droht vielleicht sogar. Menschen mit übersteigertem Selbstbewusstsein sind oft egoistisch und eigenbrötlerisch und kündigen jede Freundschaft meist sofort, sollte sie nicht auf ständigem Lob basieren. Hierbei ist es wichtig zu wissen, dass Menschen in der Gegenwart von Ei–

genbrötlern durchaus ihren Dank erwiesen haben können, dieser aber nach Ansicht des Eigenbrötlers nicht ausreichend war oder diesem missfiel und deshalb eine Freundschaft sofort zerbricht. Im Beispiel bedeutet dies, dass dem Eigenbrötler eventuell kein ‚Danke' genügt, er erwartet mindestens einen Blumenstrauß und eine Schachtel Pralinen.

Ein Kind mit übersteigertem Selbstbewusstsein kann weder sich selbst noch seine eigenen Grenzen oder gar Regeln und Normen akzeptieren. Diese mangelnde Selbstliebe wird vom Gegenüber unbewusst wahrge–nommen und es fühlt sich nicht respektiert. So gehen die meisten sozialen Beziehungen deines Kindes sehr schnell in die Brüche.

Nicht selten weisen Menschen mit übersteigertem Selbstbewusstsein das Krankheitsbild des Narzissmus oder gar das eines Psychopathen auf. Aber bitte schere jetzt nicht alle Menschen über einen Kamm. Der Laie hat zu wenig Grundkenntnisse, um ein Urteil über eine psychische Erkrankung sprechen zu dürfen.

Schwaches Selbstbewusstsein

Hat dein Kind nur ein schwaches Selbstbewusstsein, kann es sein Leben oft nicht so leben, wie es dies gerne möchte. Ängste und Zweifel, ja manchmal sogar Sorgen und Probleme stehen ihm im Weg. Oft akzeptieren Kinder mit schwachem Selbstbewusstsein keine Hilfe und möchten alles selbst erledigen. Wenn sie hingegen etwas geschafft haben, können sie dies nicht genießen oder annehmen. Nicht selten kommt das beim Gegenüber als Abweisung an, was soziale Kontakte schwierig macht.

Aus Scham davor, dass ihre Ängste entlarvt werden könnten, gehen Kinder mit schwachem Selbstbewusstsein anderen Menschen und auch Konflikten sowie Meinungsverschiedenheiten aus dem Weg. Sie grübeln viel, was bedeutet, dass sie in für sie fast unüberwindbare Gedankenkreise geraten. Nicht ausschließlich in Gegenwart ihres Gegenübers, sondern auch vor sich selbst spielen sie ihren Wert und ihr Können herunter. Erwachsene mit schwachem Selbstbewusstsein jammern und klagen häufig. Leichte bis schwere Depressionen sind die häufigsten Krankheitsbilder. Diese Menschen leben die meiste Zeit in den schlechten Teilen ihrer Vergangenheit und fürchten sich zusätzlich vor der Zukunft.

Die Gegenwart mit ihren schönen Momenten bleibt unbeachtet auf der Strecke. Sie suchen sich fortwährend etwas Neues, sei es die Arbeitsstelle, Wohnung, Freunde oder Lebenspartner. Vor allem Kinder mit schwachem Selbstbewusstsein leiden unter den Krisen, Sorgen und Launen anderer und geben oft sich selbst oder ihrem Gegenüber die Schuld an ihrem traurigen Leben. Sie haben Probleme mit der Nähe anderer Menschen und wollen ständig etwas Neues, sei es das Kinderzimmer umstellen oder Spielzeug, um ihre innere Leere zu kompensieren. Kinder mit Depressionen bedürfen einer dringenden Behandlung. Vom Mobbing zum Selbstmord ist bei vielen jungen Menschen der Weg nicht weit. Und das, ohne dass jemand von außen es hätte bemerken können.

Die Entwicklung der Persönlichkeit deines Kindes ist entscheidend

Du hast ein Mädchen und möchtest lieber einen Jungen oder umgekehrt?

Kennst du das auch? Du hast ein Mädchen daheim, obwohl du lieber einen Jungen wolltest? Bleiben wir im Folgenden einmal bei diesem Beispiel. Möglicherweise findet gerade eine ungewollte Umpolung an deinem Kind statt, die sein Selbstbewusstsein entscheidend beeinflusst. Nichts ist schädlicher für das Selbstbewusstsein deines Kindes, als zu versuchen, es zu jemandem zu machen, der es nicht ist.

Mögliche Beispiele im Klartext:
- Das Mädchen soll Fußball spielen, obwohl es viel lieber mit seinen Puppen spielen möchte.
- Das Mädchen darf keinen Rock anziehen, weil der das Kleidungsstück speziell für Mädchen ist, obwohl es aber Rock oder Kleid anziehen möchte.
- Das Mädchen muss kurze Haare tragen, obwohl Kinder es lieben, ihre Haare zu frisieren, zu flechten und zu schmücken.

Diese Beispiele sind mögliche Fehler, die du unbewusst machen kannst, wenn der Wunsch nach einem andersgeschlechtlichen Kind existiert. Doch leider dreht es sich hier nicht nur um eine stattfindende Umpolung des Kindes. Denn dieses nimmt seine Umwelt anders wahr und diese Wahrnehmung entspricht eben nicht den Erwartungen der Erziehungsberechtigten. Das Kind bekommt durchaus mit, dass all diese Dinge, die es nicht darf, alle anderen Mädchen aber tun, ja, dass diese sogar typisch für das Geschlecht sind. Zuletzt wird zum Problem, dass das Kind die Gefahr hinter diesen Verboten, die ihm auferlegt wurden, nicht sieht, was schwere Minderwertigkeitskomplexe auslösen kann. Denn das Kind muss feststellen: „Ich werde gezwungen, ‚Anders' zu sein. Erstens: Anders als ich bin. Und zweitens: Anders als mein Umfeld mich erwartet." Die Folge daraus ist ein Rückzug des Kindes. Es pflegt nur wenig bis keine Kontakte mehr, wird im schlimmsten Fall sogar gehänselt oder gemobbt.

Mit solch einem Verhalten schädigen Erziehungsberechtigte nachhaltig die Persönlichkeitsentwicklung ihres Kindes.

Doch glücklicherweise gilt dies auch im umgekehrten Fall. Eine gesunde Entwicklung der Persönlichkeit deines Kindes ist entscheidend für ein gesundes Selbstbewusstsein. Dazu beitragen kannst du, indem du dein Kind so sein lässt, wie es ist. Doch Vorsicht: Dieser Ratschlag ist nicht gleichzusetzen mit ‚dass es darf was es will'! Es geht um das Temperament. Ein aktives Kind musst du oft ermahnen und vor Gefahren schützen. Es geht also nicht darum, es einfach machen zu lassen, sondern es bei allem Ermahnen und Tadeln trotzdem so zu akzeptieren, wie es ist.

Ebenso solltest du ein zurückhaltendes, vorsichtiges Kind nicht fortwährend zum Reden anhalten oder es Situationen aussetzen, die es fürchtet, obwohl dort keine

Gefahr besteht. Eine Akzeptanz des Charakters und ein aktives ‚an die Hand nehmen' und eine gemeinsame Bewältigung der Situation mit dem Kind ist für die Entwicklung der Persönlichkeit deines Kindes von essenzieller Bedeutung. Bekommt dein Kind von dir das Gefühl vermittelt, dass es sich nicht umkrempeln muss, um geliebt zu werden, steht einer gesunden Persönlichkeitsentwicklung nichts mehr im Wege.

Du hast einen Jungen, der sich wie ein Mädchen verhält oder umgekehrt?

Ebenso existiert leicht der umgekehrte Fall: Ein Junge verhält sich wie ein Mädchen. Bleiben wir wieder bei diesem Beispiel.

- Er liebt rosa und Glitzer über alles.
- Er spielt mit Puppen.
- Er interessiert sich für Elfen, Feen und Engel.

All diese Dinge sind im weitesten Sinne gesehen nicht typisch mädchenhaft. Doch sein Umfeld spiegelt ihm etwas anderes. Möglicherweise wird er gehänselt und hat kaum soziale Kontakte, da er als anders wahrgenommen wird, nämlich nicht der Norm entsprechend und eben ‚mädchenhaft'. Tatsächlich tragen Neugeborene nach Claudia Friedrich, Professorin für Entwicklungspsychologie an der Universität Tübingen, zu 50 Prozent mütterliche und väterliche DNS in sich. Entscheidend ist hier aber nicht nur der Erbanteil, sondern auch die Art und

Weise, wie das Kind mit seinen speziellen Wesenszügen wahrgenommen, gefördert und geliebt wird. Hier ist es wichtig, dass du nicht versuchst, es umzupolen, wenn dein Ziel ein gesundes Selbstbewusstsein deines Kindes ist.

Versuchst du es zu verbiegen, wird dein Kind ein schwaches Selbstbewusstsein entwickeln. Lernt es hingegen aber, dass es in Ordnung ist, so wie es ist, auch wenn es nicht das ist, was sein Umfeld von ihm erwartet, wird es ein gesundes Selbstbewusstsein aufbauen. Mit seiner Art, zu sich stehen zu können, wird es trotzdem Freunde haben und vielleicht sogar andere mit seiner ‚Macke' anstecken oder dazu animieren, auch zu sich und einem eventuellen ‚anders sein' zu stehen.

Noch mehr Informationen erfährst du in den Bonusinhalten zum Buch, welche dir als gratis Download unter folgendem Link zur Verfügung stehen.
https://www.ilyaru.com/bonusselbstbewustsein-power

Wer bei der Entwicklung des Selbstbewusstseins deines Kindes eine Rolle spielt

Im Folgenden möchte ich auf die wichtigsten Personen im Leben deines Kindes näher eingehen und deren Rolle erläutern. Auch der Einfluss der Medien auf das Selbstbewusstsein deines Kindes wird hier behandelt.

Eltern

Die Erziehungsberechtigten, im Folgenden der Einfachheit halber Eltern genannt, spielen bei der Entwicklung des Selbstbewusstseins eines Kindes eine essenzielle Rolle. Ihr höchstes und unumgänglichstes Gut ist die Selbstbeherrschung. Dabei kann ein Elternteil weder etwas richtig noch falsch machen, denn es gibt nicht ‚den einen richtigen' Weg der Kindererziehung. Für eine gesunde Entwicklung des Selbstbewusstseins deines Kindes ist es viel wichtiger, dir die Rolle anzusehen, die du selbst im Leben deines Kindes hast.

Denn beim Auf- und Ausbau des Selbstbewusstseins kannst du für dein Kind hilfreiche und weniger hilfreiche Entscheidungen treffen. Wichtig ist hier die Fähigkeit, Mitgefühl zu zeigen, und zwar nicht ausschließlich für dein Kind, sondern ebenfalls für dich selbst. Gib dir Zeit, in deine Rolle hineinzuwachsen, so wie du deinem Kind in seiner Rolle Zeit gibst. Deine eigene Selbstakzeptanz ist der Grundbaustein dafür, dass dein Kind sich später einmal so annehmen kann, wie es ist.

Versuche ihm stets zu zeigen, dass auch du bereit bist, dazuzulernen und verheimliche ihm gegenüber nicht deine Unvollkommenheit. Denn du benötigst ebenfalls all das, was dein Kind benötigt: Liebe, Vertrauen, Sicherheit, Nahrung, Freude, Glück oder Trauer. Du selbst und dein ganzes Sein ist die essenziellste Vorbildfunktion, die du als Elternteil überhaupt hast. Im Umkehrschluss ist dein Kind dein Spiegel. Es zeigt dir, wie du dich verhältst, was du fühlst, wie du kommunizierst.

Deshalb schimpfe dein Kind nicht, wenn es einen Fehler gemacht hat, sondern überlege dir, ob du ihm diesen Fehler vielleicht vorgelebt hast.

Erzieherische Fähigkeiten werden dir nicht in die Wiege gelegt. Die Art und Weise, wie du dein Kind aufwachsen lässt, spiegelt dein augenblickliches Inneres wider: Wie fühlst du dich? Bist du gerade wütend? Gestresst? Traurig? Je nach Gefühlslage wirst du eine andere Handlung vollziehen. Denn ‚die' Erziehungsregel existiert eben nicht. Und das ist auch gut so. Denn das sture Richten nach einem festgefahrenen Erziehungskonzept schadet dem Selbstbewusstsein deines Kindes massiv. Vollziehst du vehement immer die gleiche Handlung, egal wie du dich fühlst, wird dein Kind deine Emotionen unbewusst erkennen und dich selbst als Lügner, also als Leugner deiner Gefühle wahrnehmen. Es lernt, dass man lügt, wenn es um Gefühle geht. Und das lenkt es von sich selbst ab. Hältst du dich hingegen nicht stur an ein Konzept, lernt dein Kind, dass wir eben nicht jeden Tag gleich fühlen und uns deshalb unterschiedlich verhalten. Das steigert den Selbstwert deines Kindes und hilft ihm so, sich zu akzeptieren, wie es ist.

Geschwister

Sie lieben und sie necken sich. Geschwister prägen dein Kind besonders und nicht selten gleicht ihre Beziehung einem regelrechten Bund. Geschwister haben viele Gesichter. Ob zwei Schwestern miteinander aufwachsen oder zwei Brüder, ob eineiige Zwillinge oder Nesthäkchen.

Manche Geschwister sind viele Jahre auseinander oder nur wenige, manche haben Stief- oder Halbgeschwister. Doch alle haben eines gemeinsam: Geschwisterliebe ist mit starken Emotionen verbunden, sowohl mit positiven als auch mit negativen. Geschwister leben in den meisten Fällen für sehr lange unter demselben Dach. Da ist häufiger Streit vorprogrammiert. Denn ein Geschwisterchen kann man sich nun einmal nicht aussuchen. Das Geschwisterkind selbst kann seine Lebensumstände aber ebenso wenig frei wählen. Große Schritte zu einem gesunden Selbstbewusstsein deines Kindes sind Empathie und Loyalität – und diese erlernt es im Umgang mit seinen Geschwistern. Ein Geschwisterchen hilft deinem Kind, später einmal einen selbstbewussten Umgang sowohl mit Kindern als auch mit Erwachsen pflegen zu können.

Das besondere an Geschwistern ist, dass sie in der Familienhierarchie nebeneinanderstehen, sprich: vor den Eltern die gleiche Größe haben. Somit verbünden sich Geschwister im Kampf gegen Mama und Papa oft. Ebenso kann es aber auch Rangeleien unter den Geschwistern geben, nämlich dann, wenn ein Kampf um die Liebe der Eltern ausgetragen wird. Dies ist vor allem bei mehreren Geschwistern oder Neuankömmlingen der Fall.

Einzelkindern fehlt oft der Kontakt zu anderen Kindern, da sie nicht gut gerüstet sind, um auf andere zuzugehen. Für das Selbstbewusstsein deines Kindes ist es dann vor allem wichtig, ein fehlendes Geschwisterkind mit mehr Kontakt zu gleichaltrigen Kindern auszugleichen.

Erzieher

Ebenso wie du als Elternteil befinden sich Erzieher, beispielsweise im Kindergarten, in einer Vorbildrolle. Sie haben ebenfalls Einfluss auf die Wünsche und Bedürfnisse deines Kindes und damit auf die Entwicklung seines Selbstbewusstseins.

Doch im Gegensatz zu dir begleiten Erzieher nur einen bestimmten Lebensabschnitt deines Kindes. Hier hat die individuelle Unterstützung Vorrang. Erzieher sollten keine Abstriche bei Kulturunterschieden, Geschlecht, Alter oder Persönlichkeit deines Kindes machen. Andernfalls kann sich dies negativ auf die Entwicklung des Selbstbewusstseins auswirken. Denn dann lernt dein Kind, dass es außerhalb des familiären Schutzraumes in seiner Art nicht respektiert wird. Andere Kinder wiederum, die sich in seinem Umfeld befinden, lernen, dass man dein Kind in dieser Art nicht respektieren darf. Die Folge sind mangelnde soziale Kontakte, Mobbing oder sogar der Verstoß deines Kindes. Das zehrt an seinem Selbstwert und es wird leicht manipulierbar.

Erzieher sollten ebenfalls nicht häufig wechseln, denn eine feste Bindung von beiden Seiten ist förderlich für ein gesundes Selbstbewusstsein deines Kindes. Ein ständiges hin und her macht dein Kind unsicher und es muss sich zu oft auf eine neue Person einstellen und einlassen.

Erzieher haben eine besondere Aufgabe, welche sie den Eltern abnehmen sollten. Die Förderung der Motorik und Kreativität des Kindes, sei dies auf musischer, sprachlicher oder spielerischer Ebene. Aber auch die Unterstützung beim Erlernen eines gepflegten Umgangs mit Mitkindern und anderen Menschen ist Aufgabe der Erzieher. Sollte dein Kind von den Erziehern bei der Umsetzung einer ihrer Aufgaben herabgesetzt werden, kann dies massiv an seinem Selbstwert nagen.

Als Beispiel sei hier die Gestaltung eines Bildes genannt. Nehmen wir an, dein Kind malt noch Kopffüßler, seine Spielkameraden bereits Arme, Beine, Hände und Füße. Es ist hier nicht nur Aufgabe der Erzieher, die Herabsetzung deines Kindes zu vermeiden, sondern es zudem individuell zu fördern. Erzieher sollten hier auch das Feingefühl der Mitkinder schulen und empfänglich für Kinder machen, die in manchen Bereichen noch nicht so weit sind wie andere.

Lehrer

„Der Lehrer muss passiv werden, damit das Kind aktiv werden kann."
Maria Montessori

Lehrer, ebenfalls Erzieher, helfen deinem Kind auf dem Gebiet des Lernens von Allgemeinwissen. Auch sie sollen dir als Elternteil diesen Schritt möglichst abnehmen, denn ebenso wie Erzieher im Kindergarten sind auch Lehrer lediglich für einen bestimmten Lebensabschnitt deines Kindes zuständig. Wichtig ist hierbei die fortwährende Beobachtung seines persönlichen Wissens- und Entwicklungsstandes, um diesen den Aufgaben deines Kindes anzupassen. Andernfalls kann ein schwaches Selbstbewusstsein die Folge sein.

Die Art und Weise, Kinder zu unterrichten, hat sich im Laufe der Jahre häufig geändert und tut es auch heute noch. Ob die etwas rabiatere Vorgehensweise früherer Lehrer das Selbstbewusstsein eines Kindes eher förderten oder minderten ist umstritten. Fest steht: Lehrer sollten dein Kind lenken, anstatt mit Druck das Wissen um den Schulstoff zu erzwingen. Als Begleiter während des Lernprozesses führen und ergänzen Lehrer die Fähigkeiten deines Kindes und verhelfen ihm so zu einem gesunden Selbstbewusstsein.

Was im Kindergarten eventuell schiefgelaufen ist, können Lehrer möglicherweise wieder gut machen.

Lehrer sollten sich auf dein Kind einstellen können und in einer solchen Art und Weise mit ihm arbeiten, in der es lernfähig und damit am erfolgreichsten ist. Diese Vorgehensweise fördert das Selbstbewusstsein deines Kindes. Denn nichts ist schlimmer als langweiliger oder kurzatmig vermittelter Lernstoff. Diese Vorgehensweise bewirkt bei deinem Kind, dass es sich für unfähig hält, obwohl es den Stoff verstehen könnte, wäre dieser ihm nur verständlich vermittelt worden.

Lehrer dürfen sich gegenüber deinem Kind keinesfalls überlegen zeigen, denn das lehrt das Kind: „Besitze ich Wissen, kann ich in eine Führungsposition aufsteigen, in der ich zu allem fähig bin, was ich möchte." Die Grenzen körperlicher Kontakte zwischen Schüler und Lehrer sind oft nicht klar definiert. Es ist nicht selten, dass Missbrauchsfälle deshalb nur schwer ans Licht kommen. Gerade Sport-, Klavier- oder Fahrlehrer müssen rein beruflich bedingt mit mehr Berührung arbeiten als ein Lehrer, der den Großteil des Unterrichts nur an seinem Pult oder der Tafel steht. Hinzu kommt die freie Entscheidungsfähigkeit deines Kindes in diesem Alter. Möglicherweise entschließt es sich für etwas vermeintlich Gutes, da es den Unterschied noch nicht kennt. Schlussendlich steht dann folgende Aussage im Raum: „Das Kind wollte es ja".

Freunde

Freunde sind häufig der erste Ansprechpartner bei Problemen und Sorgen, oft noch vor den Eltern. Deshalb prägen Freundschaften dein Kind besonders. Aber sie können auch beeinflussen und verführen. Rauchen gehört wohl zu den am häufigsten vertretenen Süchten unter Jugendlichen und oft auch schon unter Kindern. Und auch Alkohol und Drogen müssen leider in diesem Zusammenhang genannt werden. Der Gruppenzwang oder die Angst vorm Alleinsein drängen viele Kinder, sich vermeintlichen Freunden anzuschließen.

Nicht nur Kinder haben Freunde, sondern natürlich auch Erwachsene. Doch ist ein Unterschied zwischen den Freundschaften von Erwachsenen und Kindern zu erkennen? Und wenn ja, sind Kinderfreundschaften se–

parat zu bewerten? Von Anfang an suchen Kinder die Nähe anderer Altersgenossen auf, ganz egal wie jung beide sind.
Säuglinge reagieren sofort mit freudigen Gesten auf ein Kind. Doch Kinderfreundschaften sind anders als die Freundschaften zwischen Erwachsenen. Es kann sein, dass ein fremdes Kind plötzlich ein ihm fremdes Kind umarmt. Auch das Wegschnappen des Spielzeuges hat etwas mit Freundschaft zu tun, denn hier wird diese auf die Probe gestellt. Zudem kann Eifersucht eines Kindes auf ein fremdes Kind kaum entstehen.

Freundschaften verhelfen deinem Kind zu einem gesunden Selbstbewusstsein, da es durch diese lernt, sich durchzusetzen und zu beweisen, aber auch, wie man Gefühle ausdrückt und Konflikte erfolgreich löst, ohne die Freundschaft zu gefährden. Kinderfreundschaften sind oft nur für einen Moment gültig, denn Kinder schließen sehr schnell Freundschaft und beenden diese ebenso schnell wieder. Die Freundschaft eines Kindes kann nur für den Kindergartenvormittag oder gar nur für das momentane Spiel gelten. Kinder schließen zudem oft Freundschaften, um gemeinsam etwas durchzusetzen, sei es beim Erzieher, den Eltern, dem Lehrer oder anderen Kindern. „Gemeinsam sind wir stark!"

Das Schließen von Freundschaften bringt also viele Vorteile mit sich, die für das Selbstbewusstsein deines Kindes sehr wichtig sind. Durch Freundschaften lernt es, sich zu trauen, auf andere Kinder zuzugehen. Nicht zuletzt sind Kinder mit gesundem Selbstbewusstsein und damit Durchsetzungsvermögen beliebte Freunde. So entwickeln sich aus reinen Spielfreundschaften mit der Zeit feste Bindungen, denn in Gegenwart eines Freundes ist alles gleich viel einfacher. Dein Kind fühlt sich stärker und sein Selbstwert wird somit angekurbelt. Zudem bringt ein Kind für seinen Freund oder seine Freundin auch Opfer, beispielsweise das Teilen des Taschengeldes oder die Entscheidung, was gespielt wird. So lernt dein Kind durch seine Freundschaften soziale Kompetenzen.

Medien und Spielzeug

Nicht nur Menschen im direkten Umfeld deines Kindes haben Einfluss auf dessen Selbstbewusstsein. Auch Medien nehmen in diesem Zusammenhang eine nicht zu unterschätzende Rolle in der Gefühlswelt deines Kindes ein. Benutzen wir das Wort ‚Medien', sprechen wir heutzutage lange nicht mehr von einem Werbeplakat oder einer Waschmittelwerbung im Fernsehen.

Kinder sind in der heutigen Zeit fortwährend einer medialen Versuchung ausgesetzt, sei es durch das Tablet, den Computer oder das Smartphone. Medien beeinflussen nicht nur Kinder sehr stark, auch Erwachsene lassen sich oft mitreißen. Doch du kannst versuchen, aktiv gegen die Beeinflussung durch Medien anzukämpfen, beispielsweise indem du dich über die Tricks der Werbebranche informierst, damit du diesen nicht mehr unbewusst ausgeliefert bist.

Kinder hingegen sind zu diesem Schritt jedoch weder in der Lage, noch hätten sie Interesse daran. Leider schaden Medien nicht nur dem Selbstbewusstsein deines Kindes. Sie beeinflussen zudem ebenfalls seine Entwicklung negativ. Insbesondere gilt dies für eine nicht altersgerechte Nutzung. Medien nagen nicht nur am Selbstbewusstsein deines Kindes, sondern auch an seinem gesunden Ein- und Durchschlafverhalten, der geregelten Aufnahme von Nahrung und sogar an der persönlichen Bindung zwischen dir, deinem Kind und dem Kontakt zu anderen Menschen.

Jedoch auch ein vollkommener Medienentzug kann schädlich für den Selbstwert deines Kindes werden. Gemeint ist hier eine stark ausgeprägte elterliche Angst vor Medien, welche den Versuch kompletter Fernhaltung des Kindes von Medien zur Folge hat. Kinder kommen unweigerlich mit Medien in Kontakt und müssen dies auch. Spätestens in der Schule kratzt ein mangelndes Wissen um Medien schnell am Selbstbewusstsein. Die Lehrer erwarten Fähigkeiten im Umgang mit dem Computer ebenso wie den Zugriff auf eben einen solchen, beispielsweise zur Recherche für Referate oder den Unterrichtsstoff. Apps erleichtern Hausaufgabenplanung oder die Rücksprache mit Lehrern. Die sozialen Netzwerke im Internet halten weit entfernte Freundschaften aufrecht.

Fernsehen, auch auf dem Smartphone oder Tablet, wird für das Selbstbewusstsein deines Kindes dann gefährlich, wenn das Kind zur Ablenkung vor das Gerät gesetzt wird. Du solltest immer zusammen mit deinem Kind fernsehen, auch um eventuelle Fragen sofort beantworten zu können und die Auswirkung des Medienkonsums auf dein Kind abschätzen zu können. Ein Großteil des Fernsehangebotes besteht aus Unterhaltung. Gerade sogenannte Kindersender bergen hier oft Gefahren. Zu früher Sendungsbeginn, stark zum Kauf animierende Spielzeugwerbung oder das Ansehen von nicht altersgerechten Inhalten sind nur wenige Beispiele. Denn hier kann nicht nur Überforderung durch Reizüberflutung entstehen. Auch Unterforderung ist möglicherweise ein Grund für Minderwertigkeitskomplexe deines Kindes, beispielsweise dann, wenn das Schulkind Kindergartensendungen ansieht. Ein guter Grund für das Fernsehen sind Bildungssendungen. Hier liegt der klare Vorteil von Medien. Trotzdem solltest du die Inhalte der Sendungen stets kritisch unter die Lupe nehmen. Frage dich so oft wie möglich: Ist die Sendung zu gewalttätig für das Alter meines Kindes? Sind die Inhalte noch zu komplex für mein Kind und deshalb kaum von ihm zu verarbeiten? Gibt es pornografische Inhalte während der Fernsehzeit? Beobachte hierzu die Werbepausen zwischen den Sendungen besonders kritisch, gerade im Vorabendprogramm.

Aber auch die Werbepausen zwischen Kindersendungen sind ein heikles Thema. Hier wird ohne Wenn und Aber auf die Gefühlswelt der Kinder angespielt und deinem Kind ohne Regeln und Normen signalisiert, dieses oder jenes Spielzeug unbedingt haben zu müssen, um ‚in' zu sein. Viele Werbungen suggerieren den Kindern, dass sie durch den Besitz dieses Produktes mehr Freude und Freunde erlangen. Weder Umweltfaktoren noch andere wichtige Aspekte finden hier Beachtung. Durch mancherlei Spielzeug verliert dein Kind die Fähigkeit sozialer Kompetenz oder die Motorik wird nicht ausreichend gefördert. Zudem sind eine Vielzahl an Spielsachen nicht altersgerecht und fördern damit mangelndes Selbstbewusstsein. Denn auch für Spielzeug gilt: Es sollte altersgerecht sein und weder über- noch unterfordern.

Noch mehr Informationen erfährst du in den Bonusinhalten zum Buch, welche dir als gratis Download unter folgendem Link zur Verfügung stehen.
https://www.ilyaru.com/bonusselbstbewustsein-power

Unterschätze Überforderung und Unterforderung nicht

Überforderung

Überforderung nagt am Selbstbewusstsein deines Kindes, da mehr von ihm erwartet wird, als es fähig ist zu leisten. Leider ist heutzutage oft die Grundlage der Erziehung rein leistungsorientiert. Das Kind soll alles können und alles wissen und das möglichst früh. Oftmals ist es ein regelrechter Elternwettstreit, das beste Vorzeigekind zu präsentieren.

Aber nicht nur die Eltern, auch Erzieher und Lehrer haben in dieser Zeit hohe Leistungsansprüche. Das wird zum Beispiel durch die Tatsache deutlich, dass Menschen, die ihren Realschulabschluss vor längerer Zeit gemacht haben, heute weniger gute Einstellungschancen haben. Denn der heutige Realschulabschluss entspricht von den Anforderungen her mittlerweile einem früheren Abitur.

Die Folge von Überforderung kann im schlimmsten Fall eine Depression sein, und zwar bereits im Kindesalter. Packt man dann noch die vehemente Reizüberflutung aus Internet und Fernsehen auf schulische oder elterliche Anforderungen mit drauf, so kann sich im End–ergebnis bei einem Kind kaum ein gesundes Selbstbewusstsein entwickeln. Durch Unterstützung von Leistungsdruck provozierst du also die Entwicklung eines schwachen Selbstbewusstseins. Denn dein Kind lernt, dass es nur durch Leistung anerkannt wird und beginnt, sich selbst und das, was es kann oder will, vollkommen zu vergessen. Irgendwann wird es nicht mehr durch seine Leistung anerkannt, sondern lediglich die Leistung selbst. Dein Kind verliert sich.

Kinder sind offen für alles und können noch nicht abwägen oder hinterfragen, ob es sinnvoll oder förderlich ist, im Strom der Anforderungen mit zu schwimmen. Ihr Körper und ihre Seele aber reagieren darauf. Die Folge ist Stress und daraus wiederum entstehen Aggressivität oder Depression, denn eine Depression ist im Endeffekt nichts anderes als gegen sich selbst gerichtete Aggression.

Viele Eltern möchten für ihre Kinder nur das Beste, damit sie später einmal für die Anforderungen des Lebens gerüstet sind. Du als Erziehungsberechtigter solltest dich allerdings lieber einmal mehr fragen, ob du mit dem, was du deinem Kind abverlangst, ihm tatsächlich auch Gutes zufügst. Richte dich hier niemals nach dem, was andere Eltern machen, sondern stets nach der individuellen Persönlichkeit deines Kindes. Vergiss nicht, dass dein Kind dein Spiegel ist. Die Überforderung deines Kindes kann auch von deiner Überforderung herrühren. Du hast Stress auf der Arbeit oder mit dem Partner und kannst in der Beschäftigung mit deinem Kind nie ganz abschalten? Du überlässt Aufgaben komplett anderen Beteiligten, zum Beispiel mit dem Kind zu lernen dem Lehrer? Dein Kind spürt deine Überforderung und ist dann überlastet von der darin versteckten Botschaft der Zurückweisung, die du ihm unbewusst mit diesem Verhalten entgegenbringst.

Unterforderung

Andersherum können Kinder aber auch unterfordert sein. Den Unterschied zwischen Über- und Unterforderung zu erkennen ist gar nicht so einfach, denn die Folgen gleichen denen der Überforderung. Es ist also sehr wichtig herauszufinden, ob du deinem Kind zu viel zumutest oder es zu wenig Anreize bekommt. Beispielsweise müssen hochbegabte Kinder adäquater gefördert werden als andere.

Wie bei der Überforderung ist oft auch das Schulsystem an Unterforderung beteiligt, denn hier wird erwartet, dass alle Kinder die gleichen Aufgaben erfüllen. Kinder, die überfordert sind, werden kaum gefördert und

Kinder, die unterfordert sind, hingegen kaum gefordert. Unterforderung nagt deshalb am Selbstwert, weil dein Kind sich vielleicht langweilt und deshalb im Unterricht stört oder aggressiv ist, da es immer auf die anderen warten muss, bis sie bestimmte Lerninhalte verstehen. Es kann aber auch sein, dass es keine Möglichkeit hat, sein Potenzial auszuschöpfen, weil ihm beispielsweise gleichaltrige Gefährten mit demselben Wissensstand fehlen und es sich genauso wie ein überfordertes Kind auch einsam fühlt. Im Falle einer Unterforderung ist es wichtig, dein Kind zu fordern, wo es nur geht, zum Beispiel einen Antrag auf das Überspringen einer Jahrgangsstufe zu stellen oder es in seiner Freizeit ausreichend mit dem zu fordern, was ihm Spaß macht. Das kann ein Musikinstrument sein oder eine regelmäßige Teilnahme an Angeboten des örtlichen Sportvereins.

Unterforderung nagt an der Motivation deines Kindes, Neues zu lernen. Da sich unterforderte Kinder oft in Gegenwart von Erwachsenen aufhalten, weil sich diese auf ihrem Level befinden, bleiben soziale Kontakte mit gleichaltrigen manchmal komplett aus. Wie wichtig aber Freunde für die Entwicklung des Selbstbewusstseins deines Kindes sind, hast du bereits gelernt.

Um die Ressourcen deines Kindes auszuschöpfen, besprich mit ihm, was es sich wünscht und wie dies am effektivsten umzusetzen wäre.

Bist du dir unsicher, ob dein Kind über- oder unterfordert ist, teste dies einfach aus. Reduziere die Anforderungen und stelle ihm mehr Hilfen zur Verfügung. Geht es deinem Kind besser, war es überfordert. Ist keine Besserung eingetreten, erhöhe die Anforderungen und Stelle mehr Förderpersonen zur Verfügung. Bessert sich der Zustand deines Kindes daraufhin, war es wahrscheinlich unterfordert.

Wenn dein Kind sein Licht unter den Scheffel stellt

Jesus sagt: Stellt euer Licht nicht unter den Scheffel, wo niemand es sehen kann, sondern stellt es auf den Scheffel, wo es Licht für alle spenden kann. Neben Über- und Unterforderung kann es ebenfalls sein, dass dein Kind seine Fähigkeiten verbergen möchte. Vielleicht, weil es sich dafür schämt, da diese so ungewöhnlich sind. Womöglich wird es sogar dafür ausgelacht. Aber nicht nur mangelndes Selbstbewusstsein kann ein Anzeichen von Zurückhaltung der Stärken und Schwächen sein. Es besteht ebenfalls die Möglichkeit, dass dein Kind absichtlich dein Lob provoziert, indem es sich dümmer stellt, als es ist. Daraufhin wirst du dein Lob wiederholen oder es lauter aussprechen und vielleicht sogar mehrmals. Auf diese Weise erschleicht sich dein Kind übermäßiges Lob von dir, um sein Selbstbewusstsein zu stärken.

Nicht zuletzt gilt auch hier die Tatsache: ‚Dein Kind ist dein Spiegel.' Deshalb ist wieder deine Selbstbeobachtung gefragt. Kann es sein, dass auch du deine Fähigkeiten und Fertigkeiten lieber versteckst, anstatt diese zu zeigen? Dein Kind als dein Spiegel wird es dir gleichtun.

Du kannst der Unterdrückung von Fähigkeiten entgegenwirken, indem du dich darüber informierst, was genau ein Kind in seinem Alter ungefähr beherrscht. Hier sei dir die Internetseite erzieherin-ausbildung.de ans Herz gelegt. Sie geht auf das Alter jedes Kindes ein und die Auflistung ist übersichtlich in unterschiedliche Themen wie Sprache, Motorik, Persönlichkeitsentwicklung, emotionale Entwicklung und viele mehr gegliedert.

Die wichtigste Folge der Talentuntergrabung ist augenscheinlich: Möglicherweise geht ein Talent verloren, welches gebraucht würde.
Ein Kind aber, das seine Fähigkeiten versteckt, leidet bereits an einem schwachen Selbstbewusstsein. Die Talentuntergrabung ist also eine Folge mangelnden Selbstwertes und hat unter anderem den Rückzug deines Kindes aus dem Sozialleben zur Folge. Schlimmstenfalls entwickelt sich eine Depression. Vor allem aber seien hier Angstzustände genannt. Denn offensichtlich fürchtet sich dein Kind vor der Resonanz zu seinen Fähigkeiten.

Um bei den Herausforderungen des Lebens mithalten zu können, benötigt dein Kind Selbstbewusstsein. Gesundes Selbstbewusstsein ermöglicht mehr Erfolg in der Schule und später im Berufsleben. Ein selbstbewusster Mensch findet schneller Anschluss. Gesundes Selbstbewusstsein steigert das Immunsystem. Auch psychische Erkrankungen treten bei selbstbewussten Menschen seltener auf. Im Kampf gegen die Versuchung von Zigaretten, Alkohol und Drogen wird Selbstbewusstsein deinem Kind ebenso helfen wie bei

der Angst vor Niederlagen. Zudem wird die Kreativität deines Kindes auf allen Ebenen gefördert. Ebenfalls ist die aufrechte Körperhaltung eines Menschen mit gesundem Selbstbewusstsein von Vorteil und kann vor allem vor Gewalt und Missbrauch schützen. Auch im Beziehungsleben oder bei Trennungen von Beziehungen hilft gesundes Selbstbewusstsein, über Niederlagen hinwegzusehen. Beeinflusse dein Kind nicht auf seinem beruflichen und weiteren Weg, um ihm ein festes Standbein fürs Leben mitzugeben.

Eltern unternehmen in der heutigen Zeit viel zu viel, um die Anerkennung ihres Kindes zu ermöglichen. Dabei vernachlässigen sie oft den Charakter ihres Kindes. Ruhige Kinder haben nicht zwingend ein schwaches Selbstbewusstsein; temperamentvolle nicht zwingend ein gesundes. Ein Mangel an Selbstbewusstsein entsteht, wenn du versuchst, dein Kind entgegen seines Charakters zu polen, wenn Uneinigkeit beim Erziehungsstil herrscht oder traumatische Erlebnisse aus der Kindheit unverarbeitet geblieben sind.

Gesundes Selbstbewusstsein kann nicht allein durch äußere Einflüsse entstehen. Ebenso bekommen Kinder durch die Erziehung oft mangelndes Selbstbewusstsein mit auf den Weg.

Übersteigertes Selbstbewusstsein ist nur sehr schwer zu erkennen, da die Ausstrahlung der Menschen, die ein solches besitzen, meist offen und herzlich ist.

Tatsächlich aber verstecken sie Minderwertigkeitsgefühle. Narzissten oder Psychopathen zeigen oft übersteigertes Selbstbewusstsein. Menschen mit schwachem Selbstbewusstsein leiden unter einer Vielzahl von Ängsten und Zweifeln. Eine Depression ist das häufigste Krankheitsbild und da Mobbing in den Selbstmord treiben kann, darf diese niemals unterschätzt werden.

Beim Ausbau des Selbstbewusstseins deines Kindes kannst du hilfreiche und weniger hilfreiche Entscheidungen treffen. Selbstakzeptanz ist der Grundbaustein für dein Kind, sich später einmal so anzunehmen, wie es ist. Zudem spiegelt dir dein Kind oft nur, wie du Situationen angehst und welche Worte du verwendest.

Geschwisterliebe ist mit starken Emotionen verbunden. Dein Kind lernt durch den Umgang mit Geschwistern Empathie und Loyalität.

Erzieher haben ebenfalls einen starken Einfluss auf die Wünsche und Bedürfnisse deines Kindes. Sie begleiten das Kind aber lediglich für einen bestimmten Lebensabschnitt, sollten möglichst wenig wechseln und vor allem die Motorik und die Kreativität deines Kindes fördern.

Lehrer unterstützen dein Kind auf dem Gebiet des Allgemeinwissens. Auch sie begleiten nur einen bestimmten Lebensabschnitt deines Kindes, sie sollten dein Kind lenken und sich auf dein Kind einstellen. Manche Lehrer müssen berufsbedingt mit mehr

Berührungen arbeiten als andere.

Von Anfang an suchen Kinder die Nähe anderer Kinder auf. Doch Kinderfreundschaften sind nicht mit Erwachsenenfreundschaften zu vergleichen.
In Gegenwart eines Freundes getraut sich dein Kind viel mehr zu als alleine.

Medien können die Entwicklung deines Kindes negativ beeinflussen, insbesondere bei einer nicht altersgerechten Nutzung. Du solltest Medien stets gemeinsam mit deinem Kind gebrauchen, um Über–forderung durch Reizüberflutung sowie Unterforderung oder Stimmungsschwankungen besser einschätzen zu können.

Überforderung nagt am Selbstbewusstsein deines Kindes, da mehr von ihm erwartet wird, als es fähig ist zu leisten. Vermeide zu hohe zusätzliche Leistungsansprüche an dein Kind, um Depressionen im Kindesalter auszuschließen.

Der Unterschied zwischen Über- und Unterforderung ist nur schwer zu erkennen. Aggressivität in der Schule kann beispielsweise auf Langeweile hindeuten, wenn das Kind geistig bereits fortgeschrittener ist als Gleichaltrige.

Der Grund für die Untergrabung von Talenten kann Scham deines Kindes für diese sein. Aber auch die Provokation nach übermäßigem Lob ist möglich.

WERDE AKTIV – FRAGEN UND ANTWORTEN ZUM KAPITEL

Wofür brauchen Kinder Selbstbewusstsein?
Für Erfolg im Leben, soziale Kontakte und ein starkes Immunsystem.

Ferner im Kampf gegen die Versuchung, Ängste und Zweifel.

Für Kreativität, ein sicheres Leben, glückliche Beziehungen und um sich ihren eigenen Weg zu ebnen.

Behalte diese Punkte stets im Kopf, denn sie haben hohe Priorität.

Wird Selbstbewusstsein vererbt?
Nein. Ruhigere Kinder haben nicht zwingend ein vermindertes Selbstbewusstsein und aktivere nicht unbedingt ein gesundes.

Was passiert, wenn du versuchst, dein Kind entgegen seines Charakters zu polen?
Es entsteht ein Mangel an Selbstbewusstsein, denn das Kind lernt, dass es nicht so sein darf, wie es ist.

Wann entsteht ein Mangel an Selbstbewusstsein?
Bei Uneinigkeiten im Erziehungsstil oder bei unverarbeiteten Erlebnissen aus der Kindheit.

Welche Rolle spielen unverarbeitete Erlebnisse aus der Kindheit beim Aufbau von gesundem Selbstbewusstsein?

Hier ist es wichtig zu wissen, dass ganz alltägliche Situationen eventuell traumatische Folgen bei einem Kind hervorrufen können. Deshalb ist es wichtig, diese behandeln zu lassen.

Wie genau definiert sich gesundes Selbstbewusstsein?

Gesundes Selbstbewusstsein entsteht nicht allein durch äußere Einflüsse. Menschen mit gesundem Selbstbewusstsein sind lebensfroh, geduldig und offenherzig.

Wie unterscheidet sich schwaches Selbstbewusstsein von einem gesundem?

Schwaches Selbstbewusstsein ist geprägt von Ängsten, Sorgen und Nöten. Ein Mensch mit mangelndem Selbstbewusstsein kann Hilfe nur schlecht annehmen, Erfolge stellen für ihn keine Befriedigung dar.

Was ist übersteigertes Selbstbewusstsein?

Übersteigertes Selbstbewusstsein versteckt schwaches Selbstbewusstsein. Dies hat zur Folge, dass Grenzen, Regeln und Normen von Menschen mit übersteigertem Selbstbewusstsein nur schwer bis gar nicht akzeptiert werden können.

Welche Gefahren birgt die unbewusste Umpolung deines Kindes?
Der Versuch einer meist ungewollten Umpolung des Kindes kann massive Schäden am Selbstbewusstsein deines Kindes verursachen. Bekommt es hingegen das Gefühl vermittelt, dass es sich nicht umkrempeln muss, steht der Entwicklung eines gesunden Selbstbewusstseins nichts im Weg. Dies gilt ebenfalls, wenn dein Kind geschlechtsuntypische Verhaltensweisen zeigt, beispielsweise ein Junge die Farbe rosa liebt.

Was sind die Folgen einer Umpolung von einem Mädchen auf einen Jungen und umgekehrt?
Die Folge einer Umpolung ist der Rückzug des Kindes. Es pflegt nur noch wenige bis gar keine Kontakte und wird schlimmstenfalls sogar gehänselt oder gemobbt.

Was kann die Folge sein, wenn sich ein Junge wie ein Mädchen verhält oder umgekehrt?
Möglicherweise wird das Kind gehänselt und hat kaum soziale Kontakte, da es als anders wahrgenommen wird, nämlich als nicht der Norm entsprechend.

Wer oder was spielt bei der Entwicklung des Selbstbewusstseins deines Kindes eine Rolle?
Sowohl Eltern als auch Erzieher, Lehrer, Freunde und Geschwister. Doch auch die Medien, Spielsachen, Überforderung, Unterforderung und das Vergraben von Talenten haben einen großen Einfluss.

Lösungswege aus dem Dschungel der Probleme

Der erste Weg zur Veränderung ist immer, sich mit dem Problem zu beschäftigen. Deshalb ist es nicht nur wichtig zu wissen, wer alles an der Entwicklung des Selbstbewusstseins deines Kindes beteiligt ist, sondern gesundes, schwaches und übersteigertes Selbstbewusstsein auch erkennen zu lernen.

Ebenso verhält es sich mit Überforderung, Unterforderung und dem Zurückstellen von Fähigkeiten und Fertigkeiten. Die Erkenntnis um die Situation ist ein erster Schritt aus dem Dschungel der Probleme, die schwaches oder übersteigertes Selbstbewusstsein beziehungsweise Über- und Unterforderung mit sich bringen.

So kommst du gesundem Selbstbewusstsein auf die Schliche

Ein Kind mit gesundem Selbstbewusstsein ist ehrlich. Es bleibt bei seiner Meinung und kann durchsetzen, was es möchte. Nicht selten werden Kinder mit gesundem Selbstbewusstsein zu Unrecht als Dickkopf bezeichnet. Dabei stehen sie nur standhaft zu dem, was sie möchten oder sind - auch wenn es dabei noch etwas mit der Ausdrucksweise hapert.

Ein Kind mit starkem Selbstbewusstsein probiert fortwährend und ganz natürlich neues aus, ohne zu hinterfragen, ob es auch in Ordnung oder gefährlich ist, beziehungsweise gar anderen schadet. Außerdem entschuldigt es sich bei einem Fehler selbstständig und aus eigenem Interesse. Auf ein Kind mit gesundem Selbstbewusstsein kannst du dich verlassen, denn es erledigt seine Aufgaben gewissenhaft und ordentlich. Es ist geduldig und stolz auf seine Leistungen. Doch es kann im Sinne von Nachsicht auch nachgeben.

Ein Kind mit starkem Selbstbewusstsein entscheidet allein über seinen Körper oder will dies zumindest. Gemeint ist hier die Wahl der Kleider beim Einkauf oder am Morgen, in welcher Form die Haare frisiert und geschmückt werden oder mit welcher Seife und welchem Shampoo gewaschen wird. Natürlich ist ein Kind mit gesundem Selbstbewusstsein teamfähig und hat viele soziale Kontakte. Es kennt seine Fähigkeiten und Fertigkeiten und weiß diese einzusetzen. Im Notfall kann es auf seine Ressourcen zurückgreifen. Kinder mit gesundem Selbstbewusstsein beteiligen sich aktiv am Unterricht, erledigen Aufgaben wie beispielsweise Einkaufen, den Besuch beim Ballettunterricht oder den Schulweg allein. Zudem besitzen sie die Fähigkeit, sich fremden Kindergruppen anzuschließen. Ein Kind mit gesundem Selbstbewusstsein hat keine Hemmungen, ein Referat oder ein Gedicht vor einer Gruppe vorzutragen. Zudem empfindet es kaum Neid. Im Gegensatz dazu lernt es von anderen.

So kommst du schwachem Selbstbewusstsein auf die Schliche

Ein Kind mit schwach ausgeprägtem Selbstbewusstsein empfindet sich oft als unzureichend, da es sich und seine Leistung mit Kindern vergleicht, die älter oder stärker sind. Es traut sich nur wenig zu und beginnt viele Dinge deshalb erst gar nicht. Von dir, Freunden, Lehrern und

Erziehern wird es gerne als ‚pflegeleicht' bezeichnet, da seine persönliche Art ruhig und eher zurückhaltend ist. Dies macht es aber auch sehr verletzlich.

Ein Kind mit schwachem Selbstbewusstsein benötigt oft einen großen Vertrauensvorschuss. Es hat wenig soziale Kontakte und spielt lieber allein und/ oder mit unsichtbaren Freunden – es mangelt ihm an Konfliktfähigkeit. Gerne ist es in der sicheren Nähe Erwachsener und bleibt lieber beim Gewohnten als Neues zu erkunden, denn dieses macht ihm Angst. Deshalb benötigt es auch viele immer gleichbleibende Rituale und Routinen.

Ein Kind mit schwach ausgeprägtem Selbstbewusstsein benötigt ein intensives Gefühl von Sicherheit. Aufgrund seiner Unentschlossenheit gegenüber sich selbst lässt es gerne andere für sich entscheiden. Es weint viel, wenn es Menschenmengen ausgesetzt ist oder irgendwo ein Konflikt herrscht und Geschrei ertönt. Auch neue Situationen überfordern es so stark, dass pausenloses Weinen die Folge ist. Insbesondere sei hier die Trennung vom Elternteil erwähnt, beispielsweise am ersten Kindergartentag.

Aber ein Kind mit mangelndem Selbstbewusstsein ist oft auch neidisch auf andere Kinder, da es sich gegenüber anderen als winzig empfindet. Misserfolge werfen ein Kind mit schwachem Selbstbewusstsein stark zurück und es kann manche Dinge nur sehr schwer akzeptieren, verfügt also über eine mangelnde Anpassungsfähigkeit.

Ein Kind mit vermindertem Selbstbewusstsein grübelt viel und stellt deine Liebe oft in Frage - nicht nur, wenn es etwas angestellt hat. Sei bedacht, möglicherweise ist dein Kind hochsensibel. Gemeint ist hier eine angeborene, stark ausgeprägte Sensibilität für die Gefühle anderer Menschen in seinem Umfeld und eine erhöhte Reaktion auf Reizüberflutung. Das Gehirn eines hochsensiblen Menschen kann wichtige und unwichtige Informationen nicht filtern und nimmt alles in sich auf. Das hochsensible Kind ist letztendlich bereits bei gewöhnlichen Dingen überfordert, was ihm somit Selbstvertrauen nimmt. Diese Kinder bedürfen einer individuellen Förderung, da sie erst im Erwachsenenalter Einfluss auf ihre Sensibilität nehmen können.

So kommst du übersteigertem Selbstbewusstsein auf die Schliche

Ein Kind mit übersteigertem Selbstbewusstsein ist ein typischer notorischer Besserwisser, laut und bemüht, stets im Mittelpunkt zu stehen. Regeln und Normen inklusive der dazugehörigen Argumente sieht es als uninteressant an. Unpassenderweise kann es seine Ansichten aber nicht sachlich verteidigen.

Die Leistung in der Schule ist ein fortwährendes Problem, denn es ist kaum gewillt, etwas auszuführen, was ihm vorgegeben wird. Seiner Meinung nach hat es ja nichts zu lernen, es kann bereits alles. Von seinen Fehlern lenkt es ab, denn natürlich hält es sich nicht für veränderungsbedürftig.

Kinder mit übersteigertem Selbstbewusstsein machen andere Kinder und auch Erwachsene fortwährend kleiner, da sie sich selbst für den Besten halten. Es mangelt ihnen an Eigeninitiative und sie haben zusätzlich keine Angst vor irgendetwas. Zudem kann ein Kind mit übersteigertem Selbstbewusstsein schon einmal ‚durchdrehen', wenn es scheitert, da es seine Schwächen nicht akzeptieren kann. Außerdem ist es kein guter Zuhörer und reißt sofort das Wort an sich. Es akzeptiert lediglich seine eigenen Ideen und verweigert die Annahme von Meinungen anderer. Kinder mit übersteigertem Selbstbewusstsein sind neidisch auf jeden, der etwas besser kann, da sie nicht fähig sind, den Verlust zu ertragen. Sie drohen und rechtfertigen sich oft - sind unausweichlich wütend, wenn sie nicht eingehend gelobt werden.

Das Kind mit übersteigertem Selbstbewusstsein möchte immer die berühmte ‚Extrawurst', da es sich als überheblich empfindet. Es spielt oft den Anführer und Bestimmer in einem Spiel, gibt also den Ton an und alle übrigen Kinder haben sich hiernach zu richten. Auch gegenüber Erwachsenen macht es keinen Halt.

So kommst du Überforderung auf die Schliche

Überforderte Kinder streiten viel mit ihren Freunden und sind auch sonst des Öfteren ohne erkennbaren Grund aggressiv. Ebenso kann das Kind diese Aggressivität gegen sich selbst richten und es entsteht daraus folgend depressives Verhalten. Überforderte Kinder provozieren zudem oft auch Familienkonflikte.

Folgeerscheinungen von Überforderung können ein fehlerhaftes Schlafbild mit Ein- oder Durchschlaf–

störungen sein, gehäuft auftretende Übelkeit, Bauch- oder Kopfschmerzen bis hin zur Migräne. Oft nässen überforderte Kinder auch wieder ein.

Sie wollen sich partout auf nichts Neues einlassen, scheinen ihre Umgebung nicht mehr real wahrzunehmen, reagieren auf viele Situationen hypersensibel. Ihre Noten verschlechtern sich und sie können sich kaum noch konzentrieren.

Auch auf das Essverhalten deines Kindes kann sich Überforderung auswirken. Plötzlich isst es viel mehr als früher oder kaum noch etwas. Es kann aber auch sein, dass nur noch Süßigkeiten angerührt werden.

Vermehrter Rückzug von Freunden und Albträume können ein weiteres Anzeichen von Überforderung sein. Mehr und mehr verliert dein Kind an Selbstbewusstsein, leidet plötzlich unter Prüfungsangst, wenn Schulaufgaben anstehen oder unter übersteigertem Lampenfieber bei einer Schulaufführung. Es weint viel und bekommt gleichzeitig vermehrt Wutanfälle. Dinge, die ihm früher Spaß gemacht haben, interessieren es auf einmal nicht mehr. Es leidet unter massiven Stimmungsschwankungen und kann seinen Zustand nicht benennen.

So kommst du Unterforderung auf die Schliche

Kinder, die unterfordert sind, maulen oft über Langeweile und wissen kaum mehr etwas mit sich anzufangen. Auch sie werden entweder aggressiv oder depressiv. Das unterforderte Kind verweigert die Erledigung seiner Schulaufgaben und lässt sich allgemein während der

Durchführung von Aufgaben leicht von anderem ablenken. Während seiner Hausaufgaben wird es oft unruhig und allgemein ungeduldig. Dein Kind fühlt sich plötzlich nicht mehr zugehörig, sondern ausgegrenzt. Deshalb zieht es die Gegenwart schlauer Erwachsener vor - seine Freunde sind ihm zu dumm geworden.

Eine vehemente Demotivation macht sich bemerkbar und es will nur noch das Nötigste erledigen. Oft macht dein Kind sogar absichtlich Fehler und arbeitet nur noch schlampig. Auf Kritik reagiert es übermäßig gefühlsstark. Dein Kind richtet sich seine eigene Welt, in die es flüchtet und in der es möglicherweise mehr gefordert wird. Es leidet unter Bauchschmerzen, Kopfschmerzen oder Essstörungen. Seinen Zorn auf die Unterforderung richtet es gegen sich selbst oder sein Umfeld. Hier spielt es immer häufiger den Clown. Sei bedacht, dein Kind könnte hochbegabt sein.

Noch mehr Informationen erfährst du in den Bonusinhalten zum Buch, welche dir als gratis Download unter folgendem Link zur Verfügung stehen.
https://www.ilyaru.com/bonusselbstbewustsein-power

Das kannst du tun, um das Selbstbewusstsein deines Kindes zu stärken

An diesem Punkt bist du erneut gefordert, dich selbst zu reflektieren. Hast du selbst möglicherweise einen angeknacksten Selbstwert? Versuche, dein eigenes Selbstbewusstsein zu stärken. Denn dein Kind ist dein Spiegel. In allem, was du tust, frage dich: Wie möchte ich behandelt werden? Und dann gehe dementsprechend auf dein Kind zu. Versuche auch, dich in dein Kind hineinzuversetzen und dich zu fragen, wie es sich nach einem Streit, einer Strafe oder einem Fehler fühlen mag. Gehe also liebevoll mit deinem Kind um und fordere es gleichzeitig nicht zu stark. Akzeptiere seine Fehler und Schwächen und unterstütze es dabei. Befiel ihm nichts, hintergehe es nicht und sei ihm gegenüber nicht besserwisserisch. Vermeide es, dein Kind vor anderen bloß zu stellen und lache es nicht aus. Lüge es nicht an, bestrafe es nicht und schimpfe es nicht unnötig oder unsachlich. Gib deinem Kind die Möglichkeit, seine Emotionen zu zeigen und das Gefühl, sie aussprechen zu dürfen. Verlange keinen Perfektionismus von ihm und unterscheide nicht zwischen brav und unartig. Du solltest nicht das Unmögliche von ihm erwarten, aber es gleichzeitig auch nicht unterfordern. Wenn es traurig oder verärgert ist, nimm es in den Arm und tröste es. Vermittle ihm während dieser Geste, dass Fehler zum Leben dazugehören und dass niemand richtig oder falsch ist, sondern einfach nur anders.

Gewähre ihm so zu sein, wie es ist und achte darauf, was es sich von dir wünscht. Sei kooperativ und liebevoll und vermeide es, es an dich zu binden. Auch ein sich an ihm Festklammern schadet seinem Selbstbewusstsein.

Der erste Weg zur Problemlösung ist immer, sich mit dem Problem zu beschäftigen. Anzeichen eines gesunden Selbstbewusstseins sind Ehrlichkeit und Gewissenhaftigkeit. Kinder mit gesundem Selbstbewusstsein werden oft als Dickkopf bezeichnet, sie kennen ihre Fähigkeiten und Fertigkeiten und können auf Ressourcen zurückgreifen. Es fällt ihnen leicht, sich Kindergruppen anzuschließen.

Schwaches Selbstbewusstsein ist an starkem Selbstzweifel zu erkennen. Kinder mit schwachem Selbstbewusstsein vergleichen sich viel mit anderen und sind verletzlich. Sie benötigen viele Routinen und Rituale, das stillt ihr Bedürfnis nach übermäßiger Sicherheit.

Kinder mit übersteigertem Selbstbewusstsein tun alles dafür, um im Mittelpunkt zu stehen und lenken von ihren Fehlern ab. Sie haben vor nichts Furcht und reißen stets das Wort an sich. Zudem werden sie unübertrefflich wütend, erhalten sie kein eingehendes Lob.

Überforderte Kinder sind entweder aggressiv oder depressiv und zudem hypersensibel. Sie können sich kaum konzentrieren und leiden unter Stimmungsschwankungen.

Auch unterforderte Kinder können sowohl aggressiv als auch depressiv sein. Sie lassen sich leicht

von anderem ablenken, sind unruhig und ungeduldig. Ein ausgeprägter Hang zur Demotivation ist ebenfalls kennzeichnend für unterforderte Kinder.

Um das Selbstbewusstsein deines Kindes zu stärken, solltest du zuallererst dich selbst reflektieren. Versuche ebenfalls, dich in dein Kind hineinzuversetzen und es so zu behandeln, wie du behandelt werden möchtest. Gewähre ihm, so zu sein, wie es ist und vermeide es, es an dich zu binden und klammere dich nicht an ihm fest.

WERDE AKTIV – FRAGEN UND ANTWORTEN ZUM KAPITEL

Was sind Kennzeichen von gesundem Selbstbewusstsein?
Kennzeichen gesunden Selbstbewusstseins sind Ehrlichkeit, Standhaftigkeit, Neugierde, Gewissenhaftigkeit, Geduld, Nachsicht, Teamfähigkeit und problemlose Kontaktaufnahme.

Was kennzeichnet schwaches Selbstbewusstsein?
Typische Kennzeichen eines schwachen Selbstbewusstseins sind die Neigung, sich mit anderen zu vergleichen und der intensive Wunsch, in jedem Fall auf deren Level zu kommen.

Ferner existiert ein erhöhtes Verlangen nach Sicherheit, Ritualen und Routinen. Auch das Hinterfragen vom geliebt werden ist ein großes Thema für Menschen mit schwachem Selbstbewusstsein.

Wie erkennt man übersteigertes Selbstbewusstsein?
Ein Mensch mit übersteigertem Selbstbewusstsein will stets im Mittelpunkt stehen und tut hierfür alles, was ihm zur Verfügung steht.

Er ist laut, aggressiv, einschüchternd und droht, da er sich seine Schwächen nicht eingestehen kann.

Wie entlarve ich Überforderung?

Überforderung ist an häufiger Aggressivität oder im Gegenzug an Depression zu erkennen.

Ferner können Übelkeit, Bauch- und Kopfschmerzen oder Ein- und Durchschlafstörungen vertreten sein.

Es ist Vorsicht geboten, da diese Kennzeichen identisch mit denen der Unterforderung sein können!

Wie enttarne ich Unterforderung?

Fortwährend anhaltende Langeweile, hohe Ablenkbarkeit, Unruhe, Rückzug von Freunden oder absichtlich falsches Handeln sind wichtige, nicht körperliche Kennzeichen von Unterforderung.

Wie stärke ich das Selbstbewusstsein meines Kindes?

Sei ehrlich und gewissenhaft, kooperativ und liebevoll zu ihm. Behandele es so, wie du behandelt werden möchtest und vermittle ihm, dass Fehler zum Leben dazugehören.

Jetzt bist du dran

SCHRITT FÜR SCHRITT ZUM ERFOLG
– DER MASTERPLAN FÜR ELTERN

Folgende Sammlung praktischer Tipps für mehr Selbstbewusstsein solltest du stets durchgehen und versuchen, diese umzusetzen.

1. Gemeinsam lachen

Lache dein Kind niemals aus.

Fördere stattdessen, dass es in der Lage ist, stets über sich selbst zu lachen.

Praktische Umsetzung:

Macht in der Familie einen Spieleabend.

Schaut gemeinsam einen lustigen Film. Mach etwas zusammen mit deinem Kind, was nur Kinder tun, zum Beispiel in eine Pfütze springen. Veranstalte ein Kasperletheater mit Aufführung. Verkleide dich zusammen mit deinem Kind, inklusive anschließender Modeaufführung.

2. Sport

Sport ist kein Mord, er steigert das Selbstbewusstsein deines Kindes.

Praktische Umsetzung:

Je nach Charakter deines Kindes sind folgende Arten von Sport geeignet:

Kampfsport

Ballettstunden

Gymnastik

Bockspringen

Reiten

Auch im Alltag kannst du dein Kind zur Bewegung animieren.

Sporne es an, dreimal links- und dreimal rechts um den Tisch herum zu laufen.

Schicke es zu Fuß zu einem Briefkasten, um einen Brief einzuwerfen.

Mach es ihm schmackhaft, den Weg zur Schule mit dem Fahrrad zurückzulegen.

3. Musik

Das Spielen eines Instrumentes fördert das innere Aufstehen deines Kindes.

<u>Praktische Umsetzung:</u>

Geeignet ist jedes Musikinstrument. Hier einige Beispiele:

Flöte

Trommel

Klavier

Du kannst dein Kind auch ein Musikinstrument bauen lassen, beispielsweise eine Trommel aus einer alten Konservendose oder eine Rassel aus einem mit Reis gefüllten, leeren Joghurtbecher.

Aber auch das Singen hilft deinem Kind, aus sich heraus zu gehen.

In diesem Fall muss es nicht gleich die Teilnahme an einem professionellen Chor sein. Singt dein Kind bei seinen Lieblingsliedern mit, lass es zu. Dabei ist es ganz egal, ob das Kind richtig oder falsch singt. Auch falsches Singen fördert das Selbstbewusstsein!

4. Integriere dein Kind in deinen Alltag

Lass dein Kind mithelfen, wo immer es sich anbietet.

Praktische Umsetzung:

Lass dir von ihm beim Kochen alle notwendigen Geräte bringen. Lass es während der Erledigung der Hausarbeit das Putzmittel auf die Flächen sprühen.

Lass es während deiner Arbeit im Homeoffice die Briefmarken für die Post anfeuchten.

5. Rituale

Rituale geben deinem Kind Sicherheit.

Praktische Umsetzung:

Findet ein Ritual für die Zeit vor dem Einschlafen (zum Beispiel beten).

Findet ein Ritual für die Zeit nach dem Aufstehen (zum Beispiel eine Karte mit einem Tagessymbol ziehen).

Findet ein Ritual für die Zeit nach dem Schulende (zum Beispiel eine Umarmung).

Findet ein Ritual für die Zeit während der Körperpflege (zum Beispiel eine Sanduhr während des Zähneputzens).

6. Tiere

Tiere animieren dein Kind zur Fürsorge.

Praktische Umsetzung:

Dein Kind könnte den Hund der Nachbarin ausführen.

Dein Kind könnte im Tierheim Katzen streicheln. Dies ist oft ein separates Angebot von Tierheimen.

Ein pflegeleichtes Kleintier, beispielsweise ein Hamster, kann von deinem Kind möglicherweise fast selbstständig versorgt werden.

7. Lenke die Aufmerksamkeit deines Kindes auf das Positive

Die Konzentration auf seine Stärken hilft deinem Kind, ein gesundes Selbstbewusstsein aufzubauen.

Praktische Umsetzung:

Weise bei den Hausaufgaben dein Kind darauf hin, welche der Aufgaben es allein geschafft hat.

Lobe das Kind bei einer schlechten Note im Aufsatz für seine schöne Schrift.

Sage deinem Kind, wie hübsch du seine Frisur findest.

Bewundere seine schöne Puppe. Lobe es für seine Fürsorge um andere Kinder.

Nimm dir vor, dein Kind jeden Tag für eine Sache aus einem bestimmten Bereich zu loben, zum Beispiel Beauty (Frisur), Hausaufgaben, Spielsachen, soziale Kompetenz...

8. Erlaube deinem Kind, Gefühle zuzulassen

Es ist wichtig für das Selbstbewusstsein deines Kindes, dass es Gefühle nicht in sich hineinfressen muss.

Praktische Umsetzung:

Weint dein Kind, lass dies zu. Anschließend kannst du es beispielsweise seine Sorge in ein Sorgenfresserchen legen lassen. Das ist ein kleines Tierchen mit einem Täschchen, in welches man ein Zettelchen legen kann, das mit der Sorge beschriftet ist.

Nimm dein Kind in den Arm, spende ihm Trost und suche mit ihm gemeinsam nach einer Alternative oder einem Kompromiss, wenn dies nötig sein sollte. Wenn beispielsweise der Eismann nicht gekommen ist, worüber dein Kind sehr betrübt ist, gehe dafür mit ihm zu einem Eisstand. Verschiebe das, was dein Kind möchte, auf einen späteren Zeitpunkt und finde Kompromisse. Zum Beispiel bist du im November mit ihm in einem Laden und es möchte jetzt genau diese eine Puppe haben. Vereinbare mit ihm, dass es sie zu Weihnachten bekommt.

Erzähl deinem Kind eine Geschichte, das lenkt es ab und hilft ihm, sich zu zentrieren. Ist dein Kind wütend, dann ist es wichtig, dass es diese Wut gleich herauslassen darf, damit sie sich nicht aufstaut und irgendwann sozusagen eine Bombe platzt. Deshalb: Erlaube deinem Kind, etwas zu zerschlagen oder veranstalte mit ihm eine Kissenschlacht.

Kaufe deinem Kind eine Trommel, die ihr dann gemeinsam ‚Wuttrommel' tauft. Immer wenn es wütend ist, darf es darauf herum trommeln. Danach wird dein Kind seine Wut besser benennen können. Genehmige deinem Kind, einige Male laut zu schreien.

9. Achtsamkeit schulen

Die achtsame Wahrnehmung seiner Umgebung lenkt dein Kind von sich und seinen Problemen ab.

Praktische Umsetzung:

Manchmal können achtsam entdeckte Gegenstände deinem Kind auch als Symbolsprache dienen. Beispielsweise ein Laubblatt, das etwas abseits der anderen Laubblätter unter einem Baum liegt: „So wie dieses Blatt fühle ich mich grade." Dann kannst du das Blatt zu den anderen Blättern legen, damit dein Kind die Erfahrung macht, dazuzugehören.

Nimm mit deinem Kind zusammen etwas auseinander und erforsche sein Innenleben. Hierfür eignet sich eine Kastanie oder ein kaputtes Radio.

Weise dein Kind auf die Gesichter in den Bergen hin, wenn ihr spazieren geht, oder auf die Wolke, die aussieht wie ein Schutzengel.

Motiviere dein Kind dazu, den Geruch vom frisch gekochten Mittagessen bewusst wahrzunehmen.

10. Fragen stets beantworten

Versuche, die Fragen deines Kindes immer zu beantworten, auch wenn du nur zugibst, dass du die Antwort nicht kennst. Das lässt dich als Elternteil authentisch wirken.

<u>Praktische Umsetzung:</u>
Suche gemeinsam mit deinem Kind nach der Antwort, beispielsweise im Internet oder in Lexika.

Geht zusammen in eine Bibliothek und sucht dort nach der Antwort.

Verweise auf Oma und Opa und deren Lebenserfahrung.

11. Lass auch dein Kind Grenzen setzen

Dein Kind ist in seinem Umfeld vielerlei Begrenzungen ausgesetzt. Lass es also auch ein paar Grenzen setzen.

<u>Praktische Umsetzung:</u>
Lass dein Kind entscheiden, wann und wie lange es sich nach der Schule ausruht.

Akzeptiere die Entscheidung deines Kindes, dass niemand in sein Zimmer darf.

Nimm nicht einfach die Sachen deines Kindes, als ob sie dir gehörten.

Belausche niemals Telefonate deines Kindes und unterlasse das Lesen seiner Tagebücher.

Lass dein Kind selbst entscheiden, was es anzieht, welche Haarfrisur es heute tragen will oder welche Zahnpasta es benutzen möchte.

Respektiere die Meinung deines Kindes und versuche nicht, ihm etwas auszureden. Lass es Erfahrungen sammeln, denn aus seinen Fehlern kann es lernen. Sag nicht zu ihm, dass sein Vorhaben sowieso nicht klappen wird, sondern lass es ausprobieren.

Zeige ihm seine Grenzen auf und erkläre ihm die Hintergründe der Grenzen, also den Sinn, der dahintersteckt. Erkläre ihm auch, was sein Setzen von Grenzen beim Gegenüber bewirken kann.

12. Nicht lügen

Du erwartest von deinem Kind, dass es nicht flunkert. Im Gegenzug solltest auch du nicht lügen. So wie du dich auf dein Kind verlassen können möchtest, sollte es sich auch auf dich verlassen können dürfen.

Praktische Umsetzung:

Achte auf kleine Lügen des Alltags.

„Kommst du bald, Mama?" „Ja, gleich!" Aus diesem „Gleich" ist aber eine Stunde geworden.

„Mama, bist du wütend auf mich?" „Nein, ich hab dich doch lieb." In Wirklichkeit aber nervt dich gerade etwas sehr an deinem Kind.

„Mama, darf ich das haben?" „Wenn ich das Geld dafür habe, bekommst du es." In Wirklichkeit aber wirst du dir den Kauf nie leisten können.

Du hast mit deinem Partner gestritten: „Mama, lasst ihr euch jetzt scheiden?" „Nein, keine Angst." In Wirklichkeit spielst du aber mit diesem Gedanken.

Der Hase deines Kindes stirbt. Du kaufst heimlich einen neuen und tauscht ihn aus. „Mama, das ist nicht Hoppel." „Doch, ganz bestimmt." Deine Lüge wird auffliegen.

13. Konstruktiv kritisieren

Destruktive Kritik versteht dein Kind nicht und wird sich deshalb nicht ändern können.

Praktische Umsetzung:

Kritisiere nicht alles und jeden. Das macht echte und notwendige Kritik wertlos.

Kehre Probleme und Streitigkeiten nicht unter den Tisch, sie müssen ausdiskutiert werden.

Sag nicht, was falsch war, sondern wie du dir wünscht, dass es in Zukunft richtig läuft.

Gehe dabei nach folgenden Gesichtspunkten vor:

Tatsache

Das Zimmer ist nicht aufgeräumt.

Deine Gefühlslage

Ich finde, dass du dich beim Lernen für die Schule in diesem Chaos nur schwer konzentrieren kannst.

Dein Wunsch

Ich fände es toll, wenn du ein bisschen aufräumen würdest.

Wertschätzung

Oder kannst du mir eine Alternative vorschlagen?

Noch mehr Informationen erfährst du in den Bonusinhalten zum Buch, welche dir als gratis Download unter folgendem Link zur Verfügung stehen.

https://www.ilyaru.com/bonusselbstbewustsein-power

PRAKTISCHE TIPPS FÜR OMAS UND OPAS

Eltern haben eine klare Rolle, Oma und Opa nicht. Kläre deshalb mit ihnen, in welchen Bereichen du dir Unterstützung wünscht und in welchen du allein agieren möchtest. Sprich hierbei deine Wünsche offen aus.

Ebenfalls ein wichtiges Thema, welches einer Klärung bedarf, sind Spielsachen. Besprich mit deinen Eltern, welche Art von Spielzeug sie für dein Kind kaufen dürfen und welche nicht. Versuche zu vermitteln, dass zu viel Spielzeug oder nie etwas anderes als Spielsachen mitzubringen bei deinem Kind den Eindruck erwecken könnte, dass Spielzeug mit Liebe gleichzusetzen ist. Denn das wäre wenig förderlich für das Selbstbewusstsein deines Kindes. Dasselbe gilt für Süßigkeiten oder Kleidung. Auch hier sollte ganz klar definiert sein, was erlaubt ist und was nicht.

Verdeutliche deinen Eltern, dass es wenig sinnvoll für das Selbstbewusstsein deines Kindes ist, wenn sie versuchen, andere Konzepte durchzusetzen als du sie anstrebst, beispielsweise eine vegetarische Ernährung. Andernfalls ist dein Kind möglicherweise verwirrt. Selbstverständlich ist es gut, wenn deine Eltern dein Kind nicht an sich reißen, sondern dir Zeit geben, bis du bereit bist, es abzugeben. Bitte mache deinen Eltern klar, dass für die Erziehung deines Kindes allein du zuständig bist. Nichts ist schlimmer für den Selbstwert eines Kindes als ein fortwährendes hin- und hergerissen sein zwischen zwei Extremen. Dasselbe gilt für Regeln, die in deinem Haus durchgesetzt werden. Sie sollten auch greifen, wenn Oma und Opa zu Besuch sind. Deine Eltern sollten die Regeln in deinem Haus nicht ignorieren.

Es ist sehr förderlich, wenn deine Eltern versuchen, sich in deine Lage hinein zu versetzen und sich ein Bild davon machen, auf welche Art und Weise sie deinem Kind am ehesten helfen können, mit einem gesunden Selbstbewusstsein durch das Leben zu gehen. Ein Rückversetzen in ihre frühere Mutterrolle kann ihnen hierbei helfen.

Manchmal ist es für dein Kind auch hilfreich, wenn deine Eltern dir helfen, beispielsweise im Haushalt. Erledigen deine Eltern zusammen mit deinem Kind einen Teil deines Haushaltes, fördert dies das Mitgefühl deines Kindes und zeigt ihm, was es schon alles kann. Deine Eltern könnten beispielsweise zusammen mit deinem Kind Gerichte vorkochen, Staubsaugen oder Wäsche waschen. Zudem könnte dich die Betreuung größerer Geschwister durch deine Eltern entlasten. Es ist sehr sinnvoll, wenn deine Eltern ihre Lebenserfahrung an dein Kind weitergeben. So lernt es Ressourcen kennen, die ihm helfen, im späteren Leben eigenständiger zu handeln.

PRAKTISCHE TIPPS FÜR GESCHWISTER

Es ist eine Mammutaufgabe, ein Geschwisterkind in den Alltag des Erstgeborenen zu integrieren. Aber es gibt Möglichkeiten, die ihm helfen, mit mehr Selbstbewusstsein aus der Situation hervorzugehen.

Der Säugling

Beim ersten Aufeinandertreffen der beiden nach der Geburt solltest du den Säugling deinem Partner oder einer anderen Person in den Arm legen, bevor du dein Erstgeborenes besonders intensiv begrüßt und es umarmst. So weiß es, dass es nicht an die Stelle von jemandem treten muss. Das hilft seinem Selbstbewusstsein ungemein.

Das Stillen des Säuglings kann zum Problem werden, denn während dieser intensiven Nähe kann das Erstgeborene leicht eifersüchtig werden und rebellieren. Integriere es deshalb in das Geschehen und lass es das Stillkissen oder die Stillpads bringen. Während des eigentlichen Stillens darf das Erstgeborene sich zu euch kuscheln und diese Zeit als Schmusestunde nutzen. So kann es keine Eifersucht entwickeln. Eine andere Möglichkeit besteht darin, eine Stillkiste anzulegen. Darin können sich zum Beispiel ein Buch befinden oder ein Hörspiel, vielleicht auch ein Spiel für eine Person. Die Stillkiste wird nur während des Stillens geöffnet und das Erstgeborene darf sich während dieser Zeit mit den Dingen aus der Kiste selbst beschäftigen. So fühlt es sich in dieser Zeit nicht zurückgesetzt. Auch in den Vorgang des Wickelns kannst du dein Erstgeborenes einbeziehen. Lass es die Windeln oder das Puder bringen. Das fördert seine Selbstständigkeit und sein Mitgefühl.

Solltest du einmal merken, dass dein Erstgeborenes gerade eifersüchtig auf den Säugling ist, lass es ihn massieren. So kann es wieder Liebesgefühle für den Kleinen entwickeln.

Lege den Säugling in ein Tragetuch, um mit voller Aufmerksamkeit die Hände frei zu haben für dein Erstgeborenes.

Das Kleinkind

Ist dein Zweitgeborenes schon größer als ein Säugling, versuche dein Erstgeborenes anzuspornen, sein Geschwisterchen zu leiten.

Im Falle, dass das Zweitgeborene eifersüchtig auf das Erstgeborene ist, mach ihm klar, dass es von seinem größeren Geschwister profitieren kann.

Motiviere ein größeres Geschwisterkind dazu, dir zu helfen, auf das kleinere Geschwisterchen aufzupassen. Vermittle deinem Erstgeborenen so, dass er jetzt eine wichtige Geschwisterrolle vertritt. Das stärkt seinen Fürsorgeinstinkt und damit sein Selbstvertrauen.

Geschwisterstreit ist vorprogrammiert. Versuche, nicht eines von beiden liebevoller zu behandeln als das andere. Sollte eines das andere einmal kurz hauen, versuche dem Älteren zu vermitteln, dass kleinere Kinder eben manchmal schwierig sind, sowohl für dich als auch für das Geschwisterchen. Zeige Mitgefühl für das geschlagene Kind und mach ihm klar, dass man dem Kleineren noch nicht vermitteln kann, dass man sich beispielsweise Spielzeug nicht durch Gewalt erobern darf.

Sollte das ältere Geschwisterkind nachts wieder zu dir ins Bett kommen, lass dies zu. Das gibt ihm Geborgenheit und Sicherheit. Es spürt so, dass es trotz Geschwisterchen weiterhin gewollt ist und wird irgendwann von selbst wieder in sein Bett wandern. Sicherheit fördert Selbstvertrauen.

Gib jedem von beiden Kindern so viel Liebe, wie es für ihren momentanen Entwicklungsstand notwendig ist. Achte darauf, dass du hierbei keines von beiden bevorzugst oder benachteiligst.

PRAKTISCHE TIPPS FÜR ERZIEHER

Erzieher sollten schüchterne Kinder in die Gruppe integrieren, indem sie sie an der Hand nehmen und gemeinsam mit ihnen in die Situation hinein gehen. In der Gruppe ist es wichtig, auf die Stärken des Kindes aufmerksam zu machen. Malt ein Kind beispielsweise seine Familie, sollten Erzieher diesem Kind mitteilen, dass das Kind in ihrer Obhut dies bereits einmal gemacht hat und dass es ihm sehr viel Spaß bereitete.

Erzieher sollten stets Vermittler der Stärken eines Kindes mit schwachem Selbstvertrauen sein. Möglichkeiten der Erzieher sind hier im Stuhlkreis das Kind bewusst aufzurufen, wenn sie wissen, dass es die Antwort kennt. Ist das Kind bekanntermaßen musisch begabt, können sie ein Angebot mit Musik machen, um so das Können des Kindes bewusst hervorzulocken. Hat das Kind ein gutes Allgemeinwissen, besteht die Möglichkeit, ein Lehrerspiel zu erfinden, in welchem das Kind der Lehrer sein darf.

Zudem sollten Erzieher ein ängstliches Kind bei seiner Furcht unterstützen, indem sie ausnahmsweise die Mitnahme des Lieblingskuscheltiers oder die Benutzung des Schnullers erlauben. Dies gilt vor allem für die ersten Tage im Kindergarten, aber auch bei Problemen oder Konflikten mit anderen Kindern, Eltern oder Erziehern. Dank dieser Methode wird das Kind den Kindergarten bald selbstständig ohne Kuscheltier oder Schnuller besuchen.

Ein schüchternes Kind sollte auch psychisch an die Hand genommen werden. Erzieher haben die Aufgabe, die Beziehung zu diesem Kind zu intensivieren und ihm besondere Nähe zu gewähren. So kann möglicherweise fehlendes Urvertrauen aufgebaut werden.

Erzieher können das Kind aber auch in Erzieheraufgaben integrieren, sollten sie wissen, dass das Kind diese gut meistern wird. Dies kann das Decken der Tische sein oder das Hineinschieben der Stühle. Auch leichte Ausschneidearbeiten sind möglich. Es ist nur wichtig, das Kind nicht zu überfordern, denn sonst kann sich alles leicht ins Gegenteil kehren. Im Anschluss daran bietet sich eine weitere Möglichkeit, um das Selbstbewusstsein des Kindes zu stärken, nämlich es vor Kollegen laut für seine Hilfe zu loben.

In der weiteren Ausführung ist es vorteilhaft, das Kind zu animieren, die Dinge, die es bereits kann, einem anderen Kind zu zeigen und diesem bei der Ausführung behilflich zu sein.

Auch das Kind oft daran zu erinnern, wie schnell oder gut es Dinge gelernt oder gemacht hat kann förderlich für ein gesundes Selbstbewusstsein sein.

Ebenfalls hilfreich ist eine gelegentliche individuelle Förderung des Kindes. Hier ist es wichtig, dass ein Erzieher mit dem Kind allein ist, während die anderen Kinder beispielsweise im Garten spielen. So ist das Kind nicht vom Können der anderen abgelenkt und kann sich voll und ganz auf seine Stärken konzentrieren. In dieser individuellen Zeit unterstützt der Erzieher das Kind beispielsweise dabei, seinen ganz persönlichen Kita-Talisman zu basteln, der nur während der Kita-Zeit hervorgeholt wird und auch in der Kita verbleibt.

PRAKTISCHE TIPPS FÜR LEHRER

Folgende Punkte können Lehrern helfen, Kinder mit nur schwach ausgeprägtem Selbstbewusstsein zu integrieren:

Lehrer sollten sich bemühen, in sich gekehrte Kinder dabei zu unterstützen, in eine Clique aufgenommen zu werden. Meldet sich ein Kind kaum selbstständig, besteht die Möglichkeit, es aufzurufen und vorlesen zu lassen, sofern es gut lesen kann. Ist ein Kind am Vortrag seines Gedichtes aus Angst vor Menschenmassen gescheitert, lässt ein kulanter Lehrer das Kind das Gedicht nochmals vor ihm allein vortragen.

Eine gute Methode des Lehrers, schüchterne Kinder zu integrieren, ist die Bildung von Arbeitsgruppen mit Gleichgesinnten oder Kinder mit wenig Selbstwert zu Helfern anderer Kinder zu machen. Voraussetzung ist natürlich, dass das zurückhaltende Kind das Thema beherrscht.

Wichtig ist die Art und Weise, wie das Kind seinen Lehrer wahrnimmt. Deshalb sollte er es bei seinem Namen nennen, also beispielsweise: „Max, das hast du gut gemacht.“ anstatt: „Das hast du gut gemacht.“.

Auf sachlicher Ebene kann ein Kummerkasten Kindern mit wenig Selbstwert dabei helfen, die Dinge an- und auszusprechen, die es stören.

Sofortiges Feedback ist immer vorzuziehen, da es so besser verinnerlicht werden kann.
Die Aufgaben sollten nach den Stärken des Kindes gewählt werden, zum Beispiel ein Referat, Gedicht oder eine Kunstaufgabe.

Freizeitaktivitäten wie der Aufenthalt im Schullandheim oder Ausflüge mit Bewegung und Anforderungen, zum Beispiel eine Schnitzeljagd, fördern den Zusammenhalt und die Integration schwächerer Kinder.

Bei kurzen Bewegungspausen im Unterricht können Lehrer das schüchterne Kind vorturnen lassen und die anderen Kinder müssen ihm alles gleichtun.

Langeweile durch Über- oder Unterforderung kann vorgebeugt werden, indem angepasste Aufgaben gestellt werden oder ein Helferschüler organisiert wird, der Nachzüglern beim Lösungsweg unterstützt. In diesem Fall übernimmt der Schüler Verantwortung für seinen Lehrer, was dem Selbstbewusstsein des Schülers ebenfalls behilflich sein kann.

PRAKTISCHE TIPPS FÜR FREUNDE UND BEKANNTE

Freunde sollten nicht nur deine Freunde sein, sondern auch die Freunde deines Kindes. Sie bieten einen unabhängigen Gesprächspartner für Themen, die dein Kind nicht mit dir, aber mit einem Erwachsenen besprechen möchte. Es fördert die Akzeptanz deiner Freundin, wenn diese mit dir und deinem Kind zusammen etwas unternimmt. Freunde sollten dein Kind aber niemals vor dir beschützen oder als eigenes Kind wahrnehmen. Trotzdem sollten sie es behandeln wie ihr eigenes.

Die Zeit mit der Mama oder dem Papa sollte dem Kind nicht von der Freundin oder dem Freund weggeschnappt werden. Ebenso wenig solltest du die Zeit mit deinem Kind nicht der Zeit mit deiner Freundin vorziehen, wenn ihr ein Treffen vereinbart habt.

Freunde können gut eventuelle Verhaltensweisen von Mama und Papa an das Kind herantragen, damit es diese besser versteht. Freunde können Dinge, die du nicht leisten kannst, ausgleichen, beispielsweise das Kinderzimmer neu streichen oder kaputte Stofftiere wieder zusammennähen. Aber auch alles, für das du keine Zeit hast, beispielsweise ein Besuch im Kino, im Schwimmbad oder im Freizeitpark kann von ihnen übernommen werden.

Eine Freundin mit einem Tier ist das größte Geschenk. Dein Kind kann mit deiner Freundin zusammen deren Hund ausführen, aber auch andere Tiere pflegen. Der Vorteil ist, dass bei plötzlichem Desinteresse des Kindes am Tier keines angeschafft wurde und nun von dir gepflegt werden muss.

Noch mehr Informationen erfährst du in den Bonusinhalten zum Buch, welche dir als gratis Download unter folgendem Link zur Verfügung stehen. https://www.ilyaru.com/bonusselbstbewustsein-power

Eltern können einige Tipps beherzigen, um ihrem Kind zu mehr Selbstbewusstsein zu verhelfen. Aber auch Oma und Opa, Geschwister, Erzieher, Lehrer, Freunde und Bekannte tragen ihren Teil dazu bei. Mit deinen Eltern solltest du ausgiebig klären, wo du dir Unterstützung wünscht und in welchen Bereichen du allein agieren möchtest, um eine Verwirrung deines Kindes zu vermeiden. Kleinkinder kannst du gut in den Alltag mit einem Säugling integrieren, indem du das Erstgeborene an den notwendigen Aufgaben teilhaben lässt. Erzieher sollten ängstliche Kinder bei ihrer Furcht unterstützen, Lehrer hingegen ihre Schüler individuell fördern und fordern. Deine Freunde stellen einen außerfamiliären erwachsenen Gesprächspartner für dein Kind dar.

WERDE AKTIV – FRAGEN UND ANTWORTEN ZUM KAPITEL

Welche Tipps sind dir eine hilfreiche Stütze, um das Selbstbewusstsein deines Kindes zu stärken?

Gemeinsam lachen
Sport für oder mit deinem Kind
Musik spielen oder machen
Integration deines Kindes in den Alltag
Rituale
Tiere

Die Aufmerksamkeit deines Kindes auf das Positive konzentrieren
Deinem Kind erlauben, Gefühle zuzulassen
Die Achtsamkeit deines Kindes schulen
Fragen deines Kindes stets beantworten
Auch dein Kind Grenzen setzen lassen
Nicht lügen und konstruktiv kritisieren.

Die Umsetzung wartet auf dich

Herzlichen Glückwunsch! Du bist am Ende dieses Ratgebers für mehr Selbstvertrauen deines Kindes angelangt. Mit Sicherheit hat er dich bei deinem Problem unterstützt und dir weitergeholfen. Es sei dir noch ans Herz gelegt, dass sich jetzt natürlich nicht alles von einem Tag auf den anderen ändern wird. Neues benötigt Zeit, um sich zu entwickeln und einzuspielen. Leider ist es mit einem einmaligen Durcharbeiten dieses Buches nicht getan. Vor allem die praktischen Tipps wollen wieder und wieder ausgeführt werden, um nachhaltig Veränderung bewirken zu können.

Sollte dich der Schweinehund packen, weil du gerade mit deiner Situation überfordert bist, empfehle ich dir, die Tipps zusammen mit anderen Eltern umzusetzen. Gemeinsam macht es doch gleich viel mehr Spaß und ihr könnt euch gegenseitig austauschen und eure Erfolge feiern. Vielleicht gründet ihr sogar eine kleine Elterngruppe, die sich einmal in der Woche trifft? So können sich auch Freundschaften unter euren Kindern entwickeln.

Dein Kind wird es dir eines Tages danken, dass du dieses Buch gelesen und die darin enthaltenen praktischen Tipps beherzigt hast. Du kannst es so vor den schweren Folgen eines schwachen oder übersteigerten Selbstbewusstseins schützen. Denn erst im Erwachsenenalter zeigen sich die Langzeitschäden. Starke Migräne, schwere Depressionen, Aggressionen, Angstzustände, Schlafstörungen, Bulimie oder Adipositas sind nur einige Beispiele, die das Leben deines erwachsenen Kindes nachhaltig einschränken können. Und je älter dein Kind wird, desto schwieriger ist es, all die Erfahrungen, die mangelndes oder überhebliches Selbstvertrauen mit sich bringen, aufzuarbeiten. Aber auch diese Gefahren hast du mit der Beherzigung der in diesem Buch genannten Tipps gebannt. Denn Kinder mit schwachem Selbstbewusstsein sind stark gewalt- und missbrauchsgefährdet. Deshalb: Sei stolz auf dich, dass du diesen Schritt gewagt hast und dich an diesem Ratgeber orientiert hast. Ich wünsche dir viel Erfolg bei der Umsetzung in deinem persönlichen Leben und eine große Portion Selbstbewusstsein!

Schlusswort

Ich habe versucht, mit diesem Ratgeber so kurz, kompakt und nützlich wie möglich alle wichtigen Informationen zum Thema "Selbstbewusstsein für Kinder" zusammenzufassen.

Ich hoffe natürlich, dass dieser Ratgeber hilfreich für deine Kinder ist und sie dabei unterstützt, selbstbewusster zu werden. Falls ja, dann wäre es super nett von dir, wenn du mir bei Amazon deine Rezension für diesen Ratgeber hinterlassen würdest. So unterstützt du mich und hilfst mir dabei, diesen Ratgeber für noch mehr Menschen zugänglich zu machen. Außerdem hilfst du damit auch anderen Menschen, ihren Traumkörper und ihr Wunschgewicht zu erreichen.

Und noch einmal: Falls dir dieser Ratgeber gefallen hat und für dich hilfreich war, dann hinterlasse mir doch bitte eine ehrliche Bewertung bei Amazon. Das ist mir besonders wichtig, da du mit deiner Rezension anderen Personen dabei hilfst, eine gute Kaufentscheidung zu treffen, wodurch auch diese Menschen eine Chance dazu bekommen, erfolgreich abnehmen zu können.

Vielen Dank für deine Zeit und hoffentlich bis bald. Ich wünsche dir noch einen wunderschönen Tag und einen traumhaften Körper.

Liebe Grüße
Ilya Ru

Hilfreiche Links

Bonusmaterial zum Buch:
https://www.ilyaru.com/bonusselbstbewustseinpower

GRATIS TIPPS:
https://www.ilyaru.com/persoenlichkeit-gift-opt-in/

Ilya Ru YouTube Kanal für weitere hilfreiche Tipps und Strategien abonnieren:
https://www.ilyaru.com/YT

Ilya Ru Blog:
https://www.ilyaru.com/blog/

Es war nie einfacher, mit Konflikten leicht und entspannt umzugehen! Hier ist die Lösung für die Konflik-te in Partnerschaft und Familie:
https://www.ilyaru.com/konfliktloesungfamilie

IMPRESSUM

Ilya Ponomarenko
Große Wallstr 27
06108 Halle (Saale)

Projekt www.ilyaru.com
info@ilyaru.com

1. Auflage 2020

Herausgegeben von Ilya Ru

www.ingramcontent.com/pod-product-compliance
Lightning Source LLC
LaVergne TN
LVHW010433230826
846092LV00009BA/1151